KB217606

집에서 쉽게 혼자 공부하는
중학생을 위한 논술의 첫걸음

?
?
중학생을 위한

집 에 서
쉽 게
혼자 공부하는

논술의
첫걸음

이 수 석 지음

살림

저는 1990년부터 철학과 논리를 가르치며 학생들과 함께 호흡했습니다. 그러면서 학생들이 논술문을 작성할 때 어려움을 겪는 것은 학생들이 논술의 바탕이 되는 이해력과 논리력 그리고 창의력이 부족하기 때문이라는 것을 깨닫게 되었습니다.

그런데 이해력과 논리력 그리고 창의력과 같은 것은 단기간에 쌓을 수 있는 것이 아닙니다. 논술을 대비하기 위해 무엇보다도 중요한 것은 학생들이 '어떠한 논제가 나오든지 그 논제를 창의적으로 해석하고 풀 수 있는 능력'입니다. 학생들은 논제를 이해하고, 논리를 찾으면서 알고 있는 정보들을 활용하여 창의적으로 글을 써야 '논술'의 바탕을 쌓을 수 있습니다.

"그 어떤 과목보다도 쉽게, 즐기듯이 논술의 기초를 공부할 수는 없을까?"

저는 오랫동안 이 물음을 고민했고, 논술의 기초를 원하는 학생들에게 사고력 확장 훈련을 거듭했습니다.

『중학생을 위한 논술의 첫걸음』은 논술과 관련하여 학생들이 겪는 직접적인 문제점을 인식하여 만든 책입니다. 또한 중학생의 눈높이에 맞는 정보들을 활용하여 사고력을 확장시켜 주는 훈련을 체계적으로 시켜 주는 논술 대비 교양서입니다.

중학생들은 논술이 시급한 과제가 아닙니다. 그렇기 때문에 논술학원이나 과외의 힘을 빌리지 않고, 기본기를 다지는 것이 더 유리하다고 볼 수 있습니다. 이 책은 학생 스스로 논술의 바탕이 되는 사고력을 쌓을 수 있도록 다음과 같이 구성되었습니다.

제1부 '분석적 이해력'에서는 개념과 어휘력을 통해 사고력이 확장되는 능력을 키울 수 있을 것입니다. 제2부 '비판적 논리력'을 통해서는 논술의 바탕이 되는 논리적인 능력을 키울 수 있습니다. 제3부 '창의 사고력으로 논술하기'와 제4부 '창의 사고력 훈련하기'에서는 창의 사고력을 키울 수 있는 여러 문제와 게임들을 실었습니다. 각 장의 끝에는 그 장의 내용을 정리할 수 있는 문제가 나와 있습니다. 가벼운 마음으로 책을 읽고, 이 문제들을 풀어 봄으로써 논술의 기본기를 다질 수 있을 것이라 믿습니다. 부디 많은 학생들이 이 책을 읽고, 쉽게 즐기듯이 논술의 기초를 공부하길 바랍니다.

2007년 12월 이수석

★CONTENTS★

제4부 창의 사고력 훈련하기

선생님! 논술이란 무엇인가요?

논술은 자신의 주장을 설득력 있게 펼치는 글쓰기입니다. 설득력이 있으려면 말의 앞과 뒤가 맞아야 합니다. 즉, 자신이 주장하는 바와 그것을 주장하는 이유가 합리적이고 논리적이어야 한다는 뜻입니다. 또한 설득력 있는 주장을 펼치기 위해서는 반대 주장의 장단점 역시 설명해 주어야 합니다. 그러기 위해선 다양하고 깊은 지식을 갖추는 것이 필수적입니다.

논술의 우선적인 독자는 채점자라고 할 수 있습니다. 그렇기 때문에 좋은 첫인상을 전달하기 위해서는 글씨가 크고 깨끗해야 합니다. 또한 논술은 원고지라는 틀에 맞추어 쓰는 글이기 때문에 원고지 사용법을 잘 따라야 합니다. 원고지 사용법은 글을 쓰고 읽는 사람들 상호간의 약속이기 때문입니다. 더불어 글은 어법에 맞아야 합니다. 즉, 주어나 목적어, 부사어 등이 서술어와 적절하게 호응되고 있는가를 살펴야 합니다. 실수를 줄이고 싶다면 가능한 한 문장을 간결하게 쓰는 연습을 하고 항상 문장이 잘 호응되는지를 살피는 습관을 들이는 것이 좋습니다.

그렇다면 좋은 논술문을 쓰기 위해서는 어떻게 해야 할까요? 논술문을 쓸 때 유의해야 할 사항에는 다음과 같은 것들이 있습니다.

① 논술문을 작성하는 목적을 분명히 하십시오.

② 분량에 맞게 단락을 적절히 분배하십시오.

③ 글씨는 크고 깨끗하게 써야 합니다.

④ 적절한 예를 사용하십시오.

⑤ 비문이 되지 않도록 항상 확인하십시오.

⑥ 완결된 진술이 되도록 하고, 채팅어를 사용하는 것은 절대 금물입니다.

⑦ 동어반복을 피하십시오.

⑧ 의문문 사용을 줄이십시오. 의문문은 관심을 환기시키기 위한 반어법 정도로만 사용하십시오.

⑨ 감탄문이나 감정적 표현은 사용하지 않는 것이 좋습니다.

⑩ 불필요한 존칭을 사용하지 마십시오.

⑪ 명확한 표현을 사용하십시오. 지나치게 잦은 반어형 문장이나 비유, 과장된 표현 등은 정확한 의미 전달을 방해합니다.

⑫ 논술문은 객관성을 바탕으로 읽는 이를 설득하기 위한 글이므로 '나'라는 주어를 사용하지 않는 것이 좋습니다.

논술문을 잘 쓰는 방법

2005학년도 서울대학교 논술 모의고사 해설에서는 논술고사를 다음과 같이 설명하고 있습니다.

논술고사는 글의 요지를 정확히 파악하는 능력, 창의적으로 문제를 설정하고 해결하는 능력 그리고 논리적으로 서술하는 능력을 종합적으로 평가한다. 특히 창의력이란 심층적이고 다각적으로 논제에 접근함으로써 독창적인 사고를 이끌어낼 수 있는 능력을 말한다. 이번 논술고사에서 학생들의 가장 취약한 부분은 창의력이었다. 창의력의 부족은 무엇보다도 제시문에 대한 이해가 충분치 못했기 때문이지만 단편적 암기를 통한 점수 위주의 교육에 익숙해 있기 때문일 수도 있다. 따라서 초 · 중등 교육에서의 자기 주도적 학습, 토론 및 탐구학습, 독서교육, 수행평가 등 새로운 교육 환경 조성은 매우 바람직한 모습이다.

이것으로 미루어 볼 때, 논술고사에서 평가하고자 하는 것은 글쓴이의 읽는 능력과 생각하는 능력, 그리고 쓰기 능력이란 것을 알 수 있습니다. 평가를 위한 글쓰기는 이미 오래전부터 있어 왔습니다. 과거제가 시행되었던 고려 시대부터 논술이 있었다고 할 수 있지요.

그렇다면 좋은 논술을 쓰기 위해서는 어떻게 읽고, 생각하고, 써야 할까요? 차근차근 알아보도록 합시다.

가_ 어떻게 읽어야 하는가?

독서는 그 맥락에 따라 크게 세 가지로 나눌 수 있습니다.

★ 이해를 위한 독서

이해를 위한 독서는 책을 이해하기 위해 저자의 입장에서 글을 읽어 나가는 것입니다. 저자가 왜 이런 표현을 썼는지, 왜 이런 예를 들었는지, 왜 이런 주장을 했는지 등을 스스로 질문하면서 읽는 방법입니다.

★ 비판적 독서

이는 저자의 이론적 적수가 되어 저자와 대화하면서 읽어 나가는 방법입니다. 저자가 사용한 표현 하나하나에서부터 논리적 일관성, 견해의 타당성에 이르기까지 철저하게 저자를 비판하는 입장에서 글을 읽는 독서가 바로 비판적 독서입니다.

★ 창조적 독서

자신이 저자가 되어 읽어 나가는 것이 창조적 독서입니다. 창조적 독서에서는 주제의 이해와 관련된 내용과 표현에서 자신이 활용할 만한 것들, 새로이 시도해 볼 만한 단서들, 그리고 멋진 표현과 수사들을 주목합니다. 즉, 자신이 활용할 수 있는 부분과 재인용할 부분을 생각하며 읽는 것입니다.

이것은 자기 문맥의 독서이며 나아가 창조적 독서라고 할 수 있습니다. 다시 말해 이것은 글을 읽는 것을 통해서 저자의 사상을 정확하게 이해하고, 그것을 통해 자기의 사상을 개발하고 육성하는 독서 방법인 것입니다.

나_ 어떻게 생각해야 하는가?

논술문이 완결된 형태를 갖추기 위해서는 세 가지 요소, 즉 정확성과 논리성 그리고 설득력 등을 충족시켜야 합니다. 다시 말해서 문법에 맞아야 하고 논리적으로 연결되어야 하며 독자를 설득할 수 있어야 한다는 것입니다. 이러한 생각을 염두에 두면서 글의 얼개를 짜고 주장과 그 주장의 근거를 합리적이고 논리적으로 제시하는 글을 쓰면 됩니다.

또한 정확한 글을 쓰기 위해서는 문법적인 지식과 또한 적절한 단어를 찾아 쓸 수 있는 어휘력을 갖추어야 합니다. 더불어 논리적 구성력과 수사력이 있으면 조리 있는 글쓰기가 가능해집니다. 이와 같은 능력을 바탕으로 쓰인 글이라면 자연스럽게 독자를 설득할 수 있을 것입니다.

다_ 어떻게 써야 하는가?

❶ 역사적 상식을 늘려라

수사력이나 표현력을 늘리는 데 효과적인 방법 중 하나로는 선인의 지혜를 활용하는 방법이 있습니다. 언어는 그 사회 문화의 축적물이기에 그 속에는 조상의 경험과 지혜가 녹아들어 있고, 그러한 경험과 지혜는 고사성어나 속담, 신화나 경전, 일화들 속에 잘 나타나 있습니다. 이러한 것들을 잘 사용하면 몇 개의 문장으로 장황하게 설명해야 할 것을 단 한 마디나 한 문장으로 표현할 수도 있고, 또 말하고자 하는 바를 더 정확하고 이해하기 쉽게 전달할 수도 있습니다. 평소에 역사적 상식을 많이 쌓아둔다면 필요할 때 적재적소에 사용함으로써 좋은 논술을 쓸 수 있을 것입니다.

❷ 짧고 정확한 글을 쓰는 것부터 시작하라

글쓰기 연습은 문장 만들기로 시작하는 것이 좋습니다. 처음에는 짧고 간단한 문장을 쓰는 연습을 많이 해야 합니다.

우선은 일상의 일들을 주제로 삼아 글쓰기를 연습해 보십시오. '내가 좋아하고 싫어하는 일들과 그 이유', '내가 행복하거나 불행하다고 생각하는 이유' 등 자신과 밀접한 주제로부터 시작해 보는 것입니다. 그 다음으로는 '나의 인생관', '나의 꿈', '나의 학교 생활', '개인과 단체', '사회와 국가' 등으로 주제를 확대해서 써 보십시오.

이때 분량은 우선 300자 정도를 목표로 하는 것이 좋습니다. 말하고자 하는 바를 주장하고, 그 근거를 설명하는 순서로 글을 진행하면 될 것입니다. 이 훈련이 되었다면 그 다음은 주변 상황까지 고려하면서 600자를 써 보고, 이후에는 찬반양론에 대한 관점을 고려하여 900자, 1,200자는 물론 2,500자, 3,000자의 글까지도 쉽게 쓸 수 있습니다.

그런데 2,500자, 3,000자까지 쓸 수 있을 정도로 글쓰기가 진화하기 위해서는 풍부한 사전 지식이 있어야 합니다. 그것은 지속적인 창조적 독서와 사색 그리고 메모 등의 방법을 통해서 쌓을 수 있습니다. 글쓰기도 생명을 갖고 있습니다. 다시 말해 글쓰기도 지속적으로 훈련하고 연습하면 진화하고, 반대로 두려워서 외면하면 퇴행합니다.

❸ 좋은 글을 흉내 내어 써 보아라

글쓰기에 정말 자신 없는 사람은 다른 사람의 글을 흉내 내 보는 것도 좋은 방법입니다. 좋은 글을 많이 읽는 것도 필요하지만, 좋은 논술문과 글을 직접 따라 써 보는 것은 자신감 확보와 문장 공부에 가장 효과적인 방법 중 하나입니다. '백문이불여일견(百聞而不如一見)'이 아니라 '백독이불여일술(百讀而不如一述)'입니다. 즉, 백 번 읽는 것보다는 한 번 써 보는 것이 낫다는 것입니다.

유명한 학자나 문인의 글을 몇 번 정도 읽은 후 그 부분을 기억을 더듬어서 써 보는 방법도 있습니다. 그 필자의 입장이 되어 그 글을 자기가 다시 써 보는 것입니다. 이 방법은 논리력과 창의력, 문장력을 키우는 데 큰 도움이 됩니다.

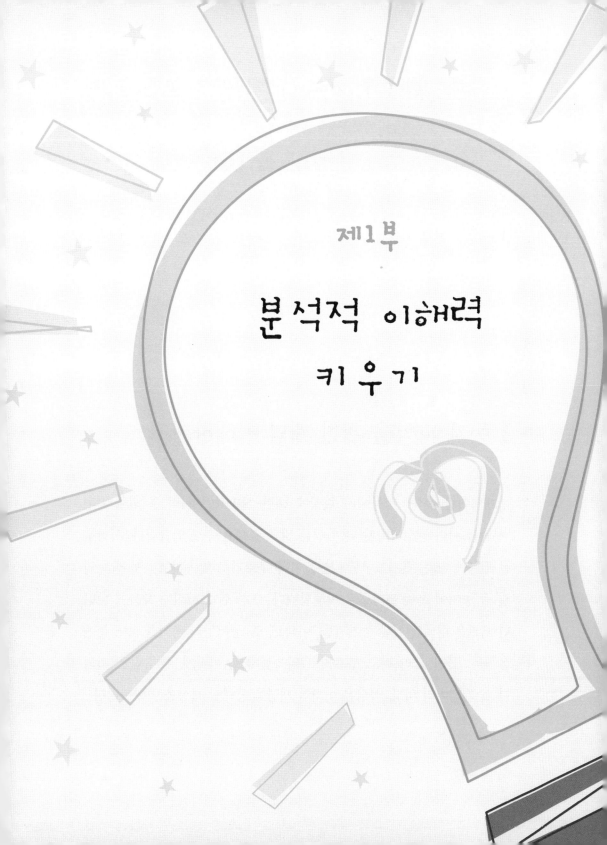

제1부

분석적 이해력
키우기

1 논제 파악을 위한 개념 이해하기

  개념이란 '어떤 사물이나 현상에 대한 일반적인 지식'을 말합니다. '사람들 사이에서 약속된 의미'라는 말로 표현할 수도 있습니다. 사람들은 칠판에 쓰는 필기도구를 '분필'이라 부르기로 약속하고, '볼펜', '연필'을 종이에 쓰는 필기구로 이해합니다. 또한 현대 사회에 새롭게 나타난 새로운 형태의 집단 주거지를 '아파트'로, 동서양의 음식을 섞어 놓은 음식을 '퓨전 요리'라고 부르기로 약속했지요. 이렇게 '약속한 의미의 틀'을 개념이라 하고, 사람은 이러한 개념을 통해서 세상을 이해합니다.

개념의 특징은 '상관 관계'에 있다고 할 수 있습니다. 다시 말해 서로 관련이 있다는 말입니다. 해와 달, 남자와 여자, 부모와 자식, 아버지와 아들, 책과 책상, 컴퓨터 본체와 모니터 및 키보드 등 이 모든 개념들은 하나의 개념으로부터 파생되거나 연속되어 나타난 것입니다. 따라서 개념이란 단독으로 존재하는 것이 아니라 서로의 관계 속에 있는 것임을 이해해야 합니다. 사람도 혼자서는 살 수 없습니다. 내가 의미를 가지기 위해서는 타인의 존재가 필요하고, 타인이 있음으로 인해서 '나'와 '우리'는 의미를 가지게 됩니다.

  그렇다면 개념에는 어떤 종류가 있을까요? 개념의 종류는 엄청나게 많습니다. 하지만 여기서는 '동일 관계', '대소 관계', '교차 관계', '모순 관계', '반대 관계'의 다섯 가지로 나누어 설명하겠습니다.

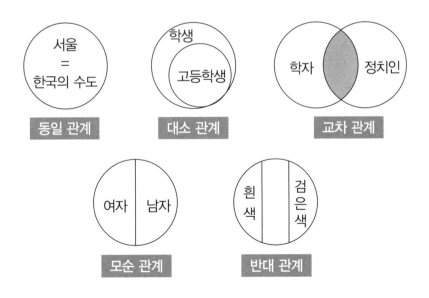

2 자료 해석을 위한 개념의 종류

가_ 동일(동의) 관계

말은 다르나 나타내고자 하는 의미가 같은 것을 동일(동의) 개념이라고 합니다. '선생님'과 '교사', '서울'과 '대한민국의 수도'는 말은 다르지만 그것이 나타내고자 하는 대상은 같습니다. 마찬가지로 '노란색'과 '노랑색'은 같은 색입니다. 왜냐하면 표현의 방법이 다를 뿐 그 말이 나타내는 대상은 같기 때문입니다. 영어의 '옐로(Yellow)'와 '노란색'은 같은 말이라 할 수 있고, 이 때문에 그 단어의 번역이 가능한 겁니다. 결론적으로 동일(동의) 관계는 같거나 비슷한 관계를 뜻합니다.

아래의 단어들 중 동일(동의) 관계가 아닌 단어를 찾아봅시다.

★ 가난하다, 빈곤하다, 풍부하다, 어렵다, 구차하다

★ 가지런하다, 나란하다, 고르다, 정연하다, 비뚤어지다

★ 가운데, 변두리, 중간, 중심, 중앙

* 정답은 30쪽에 있습니다.

이 동일 관계는 단어에만 있는 것이 아닙니다. 서로 다른 문장들이 같은 의미를 나타내기도 합니다. '모든 사물은 변한다'와 '변하지 않는 사

물은 없다', '변하지 않는 사물은 아무것도 없다' 는 세 문장은 생긴 것은 다르지만 그 의미하는 바는 같습니다.

반면 동일한 문장이라도 서로 다른 의미를 나타낼 수 있습니다. 예를 들어 "길동이 오른팔이 잘렸대."라는 문장은, '길동의 오른팔이 정말로 잘렸다' 는 뜻일 수도 있지만, '길동이 친한 친구나 부하를 잃었다' 는 상징적인 의미로도 받아들여질 수 있습니다. 다른 예로 "길동은 이제야 비로소 눈을 떴다."라는 문장은 '길동은 지금까지 감고 있던 눈을 떴다' 는 뜻일 수도 있고, '길동은 비로소 사물을 제대로 볼 수 있게 되었다' 는 의미로 해석될 수도 있지요.

나_ 대소 관계

대소 관계란 말 그대로 큰 개념과 작은 개념을 말합니다. '학생' 이라는 개념은 대학생, 고등학생, 중학생, 초등학생이라는 작은 개념으로 나뉠 수 있습니다. 이때 학생을 '대개념', 그 밑에 속한 대학생, 고등학생, 중학생, 초등학생을 '소개념' 이라 합니다. 대개념은 국어에서는 '상위개념', 논리학에서는 '유개념' 이라 하고, 소개념은 '하위개념', '종개념' 이라고 한답니다.

1. 다음 문제를 생각해 봅시다.

★ '색'과 '무지개 색' 중 어떤 개념이 더 클까요?

★ '동물'과 '사람' 중 어떤 개념이 더 클까요?

★ '사람'과 '인종' 중 어떤 개념이 더 클까요?

2. 다음의 개념을 포함하는 유개념은 무엇일까요?

★ 사과, 배, 감, 복숭아, 밤, 귤, 파인애플

★ 가다, 오다, 여행하다, 산책하다, 돌아다니다

★ 나비, 매미, 잠자리, 메뚜기

* 정답은 30쪽에 있습니다.

다_ 교차 관계

교차 관계란 '학자-정치인' 처럼, 개념의 범위가 일부분 겹치는 개념 간의 관계를 말합니다. '대학생-주부' 또는 '대학생-가장' 도 교차 관계의 개념입니다. 왜냐하면 대학생이면서 주부인 사람, 대학생이면서 가장인 사람도 있기 때문입니다.

라_ 모순 관계

모순 관계란 개념과 개념 사이에 제3의 개념이 올 수 없는 개념 간의 관계를 말합니다. '남자-여자', '있다-없다' 가 그 예지요. 남자이면서 여자라거나, 있기도 하면서 없다는 건 모순입니다. 왜냐하면 남자는 남자고 여자는 여자이며, 있는 건 있는 것이고 없는 건 없는 것이기 때문입니다. 이렇게 중간적인 개념이 있을 수 없는 두 개념의 관계를 모순 관계라 합니다. 다시 말해 모순 개념이란 '흰색의 집합과 흰색 아닌 것의 집합'처럼 집합과 집합 사이에 또 다른 집합이 올 수 없는 개념을 말하는 것입니다. 이 모순 관계의 집합들을 합하면 곧 전체 집합이 됩니다. 예를 들어 '남자'와 '여자'를 합하면 '인간'이라는 전체 집합을 나타낼 수 있습니다.

아래 단어에서 관계가 다른 것을 찾아봅시다.

★ 길짐승 – 날짐승, 많다 – 적다, 가볍다 – 무겁다, 뜨겁다 – 차갑다
★ 크다 – 작다, 강하다 – 약하다, 길다 – 짧다, 흰색 – 흰색 아닌 것
★ 멀다 – 가깝다, 높다 – 낮다, 크다 – 작다, 살다 – 죽다, 어렵다 – 쉽다

✱ 정답은 30쪽에 있습니다.

마_ 반대 관계

반대 관계란 개념과 개념 사이에 제3의 개념이 올 수 있는 관계를 말합니다. '크다-작다'에서 '크다'와 '작다' 사이에는 기준에 따라 다양한 개념이 있을 수 있습니다. '슬픔-기쁨'의 경우도 마찬가지로 그 사이에는 즐거움, 괴로움, 노여움 등의 여러 감정이 있을 수 있고 그에 해당

하는 개념이 존재합니다. 그러므로 모순 관계와 달리 반대 관계의 개념 만으로는 전체 집합을 표현할 수 없습니다.

예를 들어 '흰색-검은색'의 관계는 모순 관계일까요, 반대 관계일까 요? 흰색과 검은색의 사이에는 수많은 색들이 존재합니다. 때문에 흰색 과 검은색만으로는 모든 색깔을 표현할 수 없으므로 이것은 모순 관계 가 아닌 반대 관계에 해당합니다.

아래의 단어들 중에 반대 관계가 아닌 것을 찾아봅시다.

★ 크다 – 작다, 보다 – 듣다, 밝다 – 어둡다, 아름답다 – 추하다
★ 짧다 – 길다, 총각 – 처녀, 오른쪽 – 왼쪽, 할아버지 – 처녀, 흰색 – 검은색

* 정답은 30쪽에 있습니다.

개념 익히기

❶ 다음의 두 개념 간에는 어떤 관계가 성립하는지 괄호 안에 써 넣으세요.

① 강경파와 온건파　　　（　　） ② 아시아 대륙과 한반도　（　　）

③ 여자와 학생　　　　　（　　） ④ 여자와 남자　　　　　（　　）

⑤ 머리말과 맺음말　　　（　　） ⑥ 생(生)과 사(死)　　　　（　　）

⑦ 색과 무지개 색　　　　（　　） ⑧ 있다[有]와 없다[無]　　（　　）

⑨ 국회의원과 대학 교수　（　　） ⑩ 무성음과 유성음　　　（　　）

⑪ 흰색과 흰색 아닌 것　　（　　　）　⑫ 선생과 교사　　　　　（　　　）

⑬ 행복과 불행　　　　　（　　　）　⑭ 스승과 제자　　　　　（　　　）

⑮ 학자와 교육자　　　　（　　　）　⑯ 생물과 식물　　　　　（　　　）

⑰ 삼각형과 사각형　　　（　　　）　⑱ 선천적과 후천적　　　（　　　）

⑲ 아버지와 아들　　　　（　　　）

⑳ 등각삼각형과 등변삼각형 （　　　）

❷ 관계나 의미가 다른 것을 하나 골라 동그라미 치세요.

① 기여–이바지, 아첨–아부, 자세–태도, 절대적–상대적

② 알량하다–뛰어나다, 낯설다–생소하다, 누리다–향유하다,
　족하다–충분하다, 낡다–진부하다

③ 기만하다, 속이 타다, 사기 치다, 속이다

④ 서투르다, 드물다, 어설프다, 엉성하다

⑤ 두둔하다, 비호하다, 편을 들다, 역성들다, 융화하다

❸ 뜻이 같으면 ○, 다르면 ×표를 괄호 안에 표시하세요.

① 눈을 감다 – 죽다　　　　　　　　　（　　　）

② 간이 붓다 – 겁이 없다　　　　　　　（　　　）

③ 등을 돌리다 – 절교하다　　　　　　（　　　）

④ 쓸개 빠지다 – 몸이 몹시 허약하다　（　　　）

⑤ 비행기 태우다 – 남을 추켜세우다　（　　　）

❹ **다음에서 정의(=약속)에 의한 참과 증거 제시에 의한 참을 구분해 보세요.**

① 우리나라는 사계절의 변화가 뚜렷하다.

② 모든 삼각형은 각이 세 개이다.

③ 바닷물은 밖에서 보면 푸르다.

④ 모든 까마귀는 검다.

⑤ 두 점 사이의 최단 거리 점들의 집합은 직선이다.

⑥ 화재로 인한 인명 피해가 있다.

⑦ 고양이는 우유를 좋아한다.

⑧ 물은 섭씨 100도에서 끓는다.

힌트 정의에 의한 참은 정의의 기준을 어디에 두느냐에 따라 '참'의 여부가 달라질 수 있습니다. 왜냐하면 컴퓨터에서 사용하는 2진법에서는 1+1=10이라는 등식이 성립하기 때문입니다. 또한 일반적으로 물은 섭씨 100도에서 끓지만, 기압이 낮은 산 위에서는 섭씨 100도 아래의 온도에서도 끓습니다.

증거 제시에 의한 참 역시 많은 예외가 있을 수 있습니다. 우유를 좋아하지 않는 고양이도 있을 것이고, 흰색 까마귀도 발견되었기 때문입니다.

* 정답은 30~31쪽에 있습니다.

스스로 개념 터득하기

이제 논술을 위한 기본 지식과 개념을 익혀 보겠습니다. 이것은 약속된 의미이기 때문에 반드시 지키고 익혀야 하는 개념들입니다.

보기에서 알맞은 단어를 골라 ☐☐ **속에 써 넣으세요.**

근대 세계화 공생 관념 구조 기억 가상 개념 공동체

군중 규범 기호 자의성 담화 계몽 공간 공공성

인식 보편 본질 비판 소외 명제 문화 정신

---

① 사물과 대상에 대한 명확한 ☐☐ 을 갖고 있어야 논술을 잘할 수 있다.

힌트 어떤 사물에 대한 일반적인 지식이나 관념을 말합니다. 쉽게 말해서 낱말이 가리키는 의미, 내용을 뜻해요. 낱말의 뜻이라고 이해하면 됩니다.

② 함께 더불어 사는 ☐☐ 은 삶의 전제조건이다. 악어와 악어새, 소라게와 말미잘의 관계는 이것의 대표적인 예이다.

힌트 서로 같은 곳에서 생활하면서 사는 것, 서로 이익을 주는 관계를 뜻하는 단어입니다.

③ 2002년 월드컵의 4강 신화를 통해서 한국인들은 레드 콤플렉스를 극복
했다. 붉은 악마 응원단의 □□은 자발적으로 모인 사람들이다.

힌트 한곳에 모인 많은 사람의 무리를 말합니다. 하지만 인간은 이것 속의 익명성으로 인해
서 비도덕적인 행동과 일탈 행동을 하기도 합니다.

④ 사람들은 수많은 □□를 사용해서 자신들의 의사를 표현한다.

힌트 어떤 뜻을 나타내기 위한 문자나 부호를 말합니다. '기록한 문자나 문서'의 의미를 갖
고 있습니다.

⑤ 언어에는 □□□이 있다. 이는 문자의 내용과 형식은 필연적 연관이
없다는 것을 뜻한다.

힌트 어떤 일정한 원칙이나 법칙을 따르지 않고 제멋대로 되거나 이루어지는 성질을 말합니
다. '뜻을 마음대로 정하는 성질'이란 의미예요.

⑥ 수학을 잘 풀기 위해서는 기본 □□에 대한 이해의 출발이 중요하다.

힌트 제목을 말하거나 정하는 것을 말합니다. 또한 논리적인 판단을 언어나 기호로 나타낸
것을 의미하기도 하지요.

⑦ 문제의 □□을 알면 해결책을 찾을 수 있다.

힌트 어떤 것이 지니고 있는 가장 중요한 근본적인 성질이나 요소를 말합니다.

⑧ 논술을 잘 쓰기 위해서는 친구나 선생님의 ☐☐ 을 두려워해서는 안 된다. 쇠는 두드릴수록 단단해진다.

힌트 옳고 그름, 잘함과 못함을 구분하여 판단하여 밝히는 것을 말합니다.

⑨ 사람들은 밤이 깊으면 새벽이 온다는 것을 알고 있고, 지구가 둥글다는 사실을 ☐☐ 하고 있다.

힌트 우리는 일반적으로 감각 기관인 5감과 이성을 사용하여 대상을 이해합니다. 이것은 무엇을 안다는 뜻입니다.

* 정답은 31쪽에 있습니다.

길잡이

24쪽

❶ ① 반대 관계　② 대소 관계　③ 교차 관계(여자이면서 학생인 사람이 있습니다.)　④ 모순 관계　⑤ 반대 관계　⑥ 모순 관계　⑦ 대소 관계　⑧ 모순 관계　⑨ 교차 관계(대학 교수이면서 국회의원인 사람이 있습니다.)　⑩ 반대 관계　⑪ 모순 관계　⑫ 동일 관계　⑬ 반대 관계　⑭ 반대 관계　⑮ 교차 관계　⑯ 대소 관계　⑰ 별개의 개념　⑱ 모순관계　⑲ 반대 관계　⑳ 동일 관계

➡ 물론 여러분 중에는 정답과 다른 생각을 가진 사람도 있을 것입니다. 참으로 좋은 현상이죠. ⑭, ⑲는 두 개념 사이에 중간적인 개념이 있다고 보았기 때문에 반대 관계라 하였지만, 스승이면서 제자인 사람이 있

고, 또 여러분의 아버지가 할아버지, 할머니 앞에서는 아들이기 때문에 이것들을 교차 관계라고 볼 수도 있습니다.

❷ ① 절대적–상대적   ② 알량하다–뛰어나다   ③ 속이 타다   ④ 드물다
   ⑤ 융화하다

❸ ① ○   ② ○   ③ ○   ④ ×   ⑤ ○

❹ 정의에 의한 참 : ②, ⑤, ⑧
   증거 제시에 의한 참 : ①, ③, ④, ⑥, ⑦

27쪽 문제 풀기

① 개념   ② 공생   ③ 군중   ④ 기호   ⑤ 자의성   ⑥ 명제   ⑦ 본질
⑧ 비판   ⑨ 인지

1 교과서 속 개념 붙잡기

　이 세상 모든 사물들은 관계 속에서만 의미를 가질 수 있습니다. 내가 의미를 가지려면 나를 제외한 그 무언가가 있어야 합니다. 남자가 의미가 있기 위해서는 여자가 있어야 하고, 하늘이 있으면 땅이 있어야 합니다. 이와 같은 관계는 '개념'을 통해서 이해할 수 있습니다. 왜냐하면 개념은 대상이 갖고 있는 특징이나 본질적인 성격을 나타내기 때문입니다. 따라서 교과서에 나타난 개념을 이해하는 것은 그 교과서에서 다루는 내용이나 대상을 이해할 수 있는 지름길이기도 합니다.

하지만 교과서에 나오는 개념들을 과목별로 명확하게 구별하기란 쉬운 일이 아닙니다. 모든 학문은 서로 연관성을 갖기 때문입니다. 수학은 과학적 지식의 기초가 되고, 언어는 모든 학문을 표현하는 수단이기도 하지요. 이것은 어떤 남자 선생님이 학교에선 교사이지만, 집에서는 아버지이며 남편이자 자식이기도 한 것과 같습니다. 여러분 역시 누군가의 후배이기도 하지만 동시에 누군가의 선배이기도 합니다. 따라서 여기에선 일반적인 구분을 따랐고, 때로는 설명의 편의상 과목별로 나누었음을 이해하기 바랍니다.

2 교과서에 나오는 개념 익히기

이 장에서는 교과서에 나오는 핵심 개념들을 익혀 보겠습니다.

❶ 보기에서 알맞은 단어를 골라 □□ 속에 써 넣으세요. 단, 한 문제에는 하나의 답만 있습니다.

내포(內包)　실존(實存)　자율(自律)　유기(有機)　윤리(倫理)

귀납(歸納)　본질(本質)　이단(異端)　외연(外延)　시장(市場)

정보(情報)　유추(類推)　신체(身體)　연역(演繹)

① 윤리 성립의 기본 전제는 인간의 자유의지이며, 그 행동은 □□에 맡겨야 한다. 왜냐하면 이것을 할 수도 있고 저것을 할 수도 있는데, 왜 그렇게 했느냐고 이유를 물을 수 있기 때문이다.

힌트 스스로의 의지로 자신의 행동을 규제하는 것을 말합니다.

② 현대를 잘 살기 위해선 유익한 □□를 얻기 위한 지혜와 길잡이가 필요하다.

힌트 사물의 내용이나 형편에 관한 소식이나 자료를 말합니다. 이제 이것은 힘이고 권력이며 지식입니다. 모든 권력과 지식은 이것의 형태로 저장되고 교환되기 때문입니다.

③ 현대 자본주의 사회는 자율적 □□ 기능에 의해서 움직인다.

힌트 여러 가지 상품을 팔고 사는 장소를 말하기도 하고, 특정한 상품이 수요와 공급의 관계에 따라 가격이 결정되는 추상적인 영역을 가리키기도 합니다. 현대 자본주의 사회에서 사람들은 이것을 통해서 정보를 교류하고 증폭시킵니다.

④ '건강한 □□에 건전한 정신이 깃든다'는 말은 문제가 있다. 지체장애우인 스티브 호킹 박사의 정신은 건전하지 못하다는 말인가?

힌트 사람의 몸을 뜻합니다. 이것을 갖고 있는 인간이기에 생물학적 욕구를 갖는 것이지요.

⑤ '□□은 본질에 앞선다'는 사르트르의 말은 의미하는 바가 크다. □□이란 실제로 존재하는 것이고 본질은 목적을 말한다. 신이나 초월자

가 본질이라면 인간 개개의 존재는 □□이다. 컴퓨터, 안경, 자동차 등 인간이 발명한 물건들은 본질이 □□에 앞선다. 즉, 빠른 계산과 잘 보기 위하고 편리한 이동이라는 '목적'을 위해서 만들어진 것이 상품이다. 그러나 인간은 먼저 □□했고 그 다음에 자신의 꿈과 이상(본질)을 실현해 나간다.

힌트 관념이나 인식에 의한 허상과는 상관없이 실제로 존재하는 것을 말합니다.

⑥ 학문 연구의 방법은 크게 귀납적 방법과 □□적 방법으로 나눌 수 있다.

힌트 귀납적 방법이란 낱낱의 구체적 사실로부터 일반적인 명제나 법칙을 이끌어 내는 과정과 방법을 말하며, 이 방법은 일반적인 원리로부터 논리의 절차를 밟아서 낱낱의 사실이나 명제를 이끌어 내는 과정과 방법을 말합니다.

⑦ 논술에서는 서론-본론-결론이 □□적으로 관련되어야 한다.

힌트 각 부분과 전체가 필연적 관계를 지니는 관계를 말합니다.

⑧ 잠자리를 통해서 헬리콥터를, 돌고래를 통해서 잠수함을, 풀잎과 물고기의 가시를 통해서 톱을 발명했던 것처럼, 논술에서는 독자로 하여금 확실한 □□를 할 수 있도록 글을 써야 한다.

힌트 어떠한 사실을 근거로 하여 그것과 같은 조건 아래에 있는 다른 사실을 미루어 헤아리는 것을 말합니다.

⑨ □□란 사람과 사람 사이에 지켜야 할 도리나 질서 규범을 말한다. 인륜·무리·순서의 의미를 지니는 륜(倫)은 사람 인(人)과 둥글다·조리·무리 륜(侖)이 합쳐진 글자이다.

힌트 사람이 지켜야 할 도리나 질서 규범을 뜻합니다.

⑩ 그는 정통 교단에서 벗어난 □□의 길을 걸으면서 스스로를 학대하기 시작했다.

힌트 정통 학파나 종파에 벗어나는 설(說)이나 파벌을 주장하는 일을 말합니다. 모든 학문과 종교는 정통과 이것의 갈등과 조절을 통해 변화·발전합니다.

❷ 보기에서 알맞은 단어를 골라 □□ 안에 써 넣으세요.

> 제도(制度) 허구(虛構) 변증법(辨證法) 주체(主體) 차이(差異)
>
> 폭력(暴力) 추상(抽象) 문화 연구 책임(責任) 표상(表象) 현상(現象)

① 가정은 사회 □□의 가장 기초적인 요소이다. 가정에서부터 사회 구성원이 재생산되고, 가정에서부터 교육의 출발이 시작된다.

힌트 사회나 조직을 구성하고 운영하기 위해 정해진 법규나 마련된 법도를 말합니다.

② 이 세상은 □□와 객체(客體)로 이루어져 있다. □□는 무엇을 알고
판단하는 개개인을 말하고 객체란 □□를 제외한 모든 대상을 말한다.
□□인 인간이 객체인 세상을 어떻게 이해하고 바라보느냐에 따라 세
계관과 인생관 등이 만들어진다.

힌트 자아로서 객체에 대하여 행위나 작용을 하는 행위자를 뜻합니다.

③ 논술 시험의 평가에 따른 채점자들의 의견차와 점수 □□를 줄이기 위
해, 다섯 사람이 채점하여 가장 높은 점수와 낮은 점수를 뺀 세 사람의
평균을 제시하기로 했다.

힌트 서로 다름을 말합니다.

④ 자유와 □□은 인생이란 수레를 끄는 두 바퀴이다. 한쪽으로 치우침이
없이 평형을 이루어야 인생의 목표를 향해서 흔들림 없이 나아갈 수 있다.

힌트 맡은 바 일에 대한 임무나 의무를 뜻합니다.

⑤ 인도를 여행한 중국인들은 화가에게 코끼리를 설명했다. 화가는 그들의
설명을 바탕으로 코끼리의 모습을 □□해서 그렸다.

힌트 '코끼리의 모습을 뽑는다'는 뜻으로, 개별적인 사물이나 구체적인 개념으로부터 공통적
인 요소를 뽑아 일반적인 개념으로 파악하는 것 또는 그렇게 하는 정신 작용을 말합니
다. 반대말로는 구상(具象)·구체(具體)가 있습니다.

⑥ 그 문화 학자는 일본에서 불고 있는 하류 열풍을 이해하기 위해 □□ □□ 방법 중 '현지 연구 방법'을 택했다. 그는 하류 인생을 사는 사람들의 일상생활에 대한 참여관찰 및 면접을 통한 집중 연구를 위해 그들과 함께 생활하였다.

힌트 각 문화의 흐름과 특징을 연구하는 것으로서 비교 연구와 현지 연구, 질적 연구 등의 방법이 있습니다.

⑦ □□에는 물질적·육체적 □□만이 있는 것이 아니다. 약자에 가해지는 강자의 권위처럼 심리적 □□이 오히려 더 많다.

힌트 육체적 손상 및 정신적·심리적 압박을 주는 물리적 강제력을 말합니다.

⑧ 인간은 사물과 사건에 대한 기억을 갖고 있다. 그 기억들은 현재를 살고 있는 의식의 □□으로 나타나 사람의 행동에 직간접으로 영향을 미친다.

힌트 의식 중 과거의 인상이 재현된 것 또는 어떤 대상을 지향하는 의식 내용을 말합니다. 철학에서는 이데아(idea)로 부르고, 심리학에서는 감각을 요소로 하는 심적 복합체를 이 단어로 지칭합니다.

⑨ 소설은 실제의 이야기가 아닌 □□(픽션, fiction)이다. 하지만 영상매체의 발달과 컴퓨터 기술의 발달로 사실(논픽션, non-fiction)과 □□의 구별이 점점 어려워지고 있다.

힌트 실제의 이야기가 아닌, 작자가 상상력으로 창조한 가공적인 이야기를 말합니다.

❸ 보기에서 알맞은 단어를 골라 ▢▢ 안에 써 넣으세요.

> 시스템(system)   아우라(aura)   브랜드(brand)   상징(symbol)
>
> 디지털(digital)   아날로그(analogue)   레토릭(rhetoric)

① 논술에서는 ▢▢적 표현을 잘 사용해야 한다. 왜냐하면 ▢▢은 여러 가지 의미로 사용되기 때문이다. '비둘기는 평화의 ▢▢이다'와 '백색은 순결의 ▢▢이다'에서의 '비둘기'와 '백색'은 누구나 동의하는 ▢▢어이다.

힌트 어떠한 사상이나 개념 등에 대해 그것을 상기시키거나 연상시키는 구체적인 사물이나 감각적인 말로 바꾸어 나타내는 일 또는 그 사물이나 말을 말합니다.

② ▢▢▢▢형 기계들이 모두 디지털형 기계로 교체되고 있다.

힌트 디지털이란 자료를 수치로 바꾸어 처리하거나 숫자로 나타내는 것을 말하는 것으로, 모든 것을 숫자로 표현하는 전자시계가 그 예입니다. 디지털과 반대의 뜻인 이것은 어떤 수치를 길이나 각도 또는 전류 등의 연속된 물리량으로 나타낸 것을 말하는데, 초침과 분침, 시침으로 시간을 나타내는 시계가 그 예에 해당합니다.

③ 그는 화려한 ▢▢▢을 사용해서 청중들을 휘어잡았다.

힌트 아리스토텔레스는 남을 설득하는 기술을 이것이라 칭했습니다. 이것, 즉 수사학(修辭學)

은 그리스·로마에서 보다 효과적인 정치 연설이나 법정에서의 변론을 위해 화법(話法)을 연구한 것에서 기원한 학문으로 수사법과 이에 관련된 현상을 연구하는 분야입니다.

④ 사회와 국가가 발전하기 위해서는, 개인과 조직이 합쳐진 시너지 효과를 낼 수 있는 □□□ 을 갖추어야 한다.

힌트 어떤 목적을 위한 질서 있는 조직 체계를 뜻합니다.

⑤ 독일의 철학가 발터 벤야민(Walter Benjamin)은 1934년 자신의 논문 「기술복제 시대의 예술 작품」에서 기술복제 시대의 예술 작품에 일어난 결정적 변화를 '□□□ 의 붕괴' 라고 정의하였다.

힌트 예술가의 예술 작품에서 풍기는 고고한 분위기를 뜻하는 말입니다. 유일무이한 명작들에게서는 느낄 수 있지만 복제품이나 대충 만든 예술 작품에서는 느낄 수 없는 고상한 기운, 품위, 에너지 등을 가리킵니다.

⑥ □□□는 특정한 상품의 제품 및 서비스를 식별하는 데 사용하는 명칭·기호·디자인 등을 총괄해서 말하는 것이다. 어떤 □□□ 의 가치는 평가할 수 없을 정도로 엄청나기도 하다. 말로써 표현할 수 있는 것은 □□□ 명(名)으로, 말로써 표현할 수 없는 기호, 디자인, 레터링 등은 □□□ 마크로 표현한다. 그 가운데 특정한 회사만이 사용할 수 있도록 법적으로 보증되어 있는 것을 '상표(商標)' 라고 한다.

힌트 어떤 물건을 상징적으로 나타내는 상표를 말합니다.

❹ 보기에서 알맞은 단어를 골라 □□ 안에 써 넣으세요.

아이러니(irony)   아 프리오리(a priori)   로고스(logos)   파토스(pathos)

에토스(ethos)   생득관념   알레고리(allegory)   에고이즘(egoism)

에로스(eros)   타나토스(thanatos)   에콜로지(ecology)

① '똥 묻은 개가 겨 묻은 개 나무란다' 는 자신의 처지도 모르고 남을 비판
하거나 핀잔 줄 때를 두고 하는 속담이다. 이것은 뻔뻔한 사람의 □□
□□이다.

힌트 비꼬는 말, 반어(反語), 풍자(諷刺)적인 말을 뜻합니다.

② 살인이 죄라는 것은 인간이 선천적으로 갖고 태어나는 '□ □□□
□' 한 명제이다. 반면 살아가면서 해야 할 일과 하지 말아야 할 구체적
일들에 대한 판단들은 후천적으로 '아 포스테리오리(a posteriori)' 하게
배우고 익혀야 할 것들이다.

힌트 '생득관념' 으로 번역되는 이것은 선천적으로 갖고 태어나는 관념을 말합니다.

③ '개같이 벌어서 정승같이 써라' 라는 속담은 천한 일을 하여 돈을 벌어도
쓸 때는 깨끗하고 보람 있게 쓰라는 뜻이다. 여기에는 인간과 친근한 개
를 빗대어 힘들고 어렵더라도 열심히 일하여 정정당당하게 돈을 쓰라는

□□□□가 잘 나타나 있다.

④ 그는 자신밖에 모르는 □□□□에 빠진 이기주의자이다. 하지만 그가 사랑한 여자는 이 세상 모든 힘없고 약한 사람들을 사랑하는 앨트루이즘(altruism)에 빠진 이타주의자이다.

⑤ 플라톤은 작품 『향연(Symposium, Banquet)』에서 신화를 인용하면서 □□□를 풍요의 신 포로스(Poros)와 궁핍의 여신 페니아(Penia)의 아들로 설명한다. 여기서 가난하다는 것은 사랑의 욕망이 부족(결핍과 갈망의 이중의미를 가진다)한 것을 말하고, 풍요롭다는 것은 사랑을 동반하는 충만의 감정을 의미한다.

⑥ □□□□는 천연 소재로 디자인한 패션을 말한다.

㉮ 살아가면서 우리는 많은 일들을 겪으며 갈등을 겪곤 한다. 예를 들어 길을 가다가 100만 원과 신분증이 든 지갑을 주었다고 가정하자.

㉠ 그것을 찾아줘야 한다는 건 누구나 다 알고 있고 옳은 것이다. 이것이 □□□이다.

㉡ 그것을 찾아주느냐 안 찾아주느냐에 대한 갈등이 생길 수도 있다. 이것이 □□□이다.

㉢ 하지만 사람은 무엇이 착하고 악한 일인지 다 알고 있다. 이것이 사회적 관습인 □□□이다.

힌트 ㉠은 만물을 조화·통일하는 이성(理性)으로서 옳은 것을 찾아가는 분별력을 말합니다. ㉡은 주위 상황에 따라 변하는 기분으로서 욕정(欲情)·기쁨·슬픔·노여움 등의 일시적인 정념의 작용을 뜻합니다. ㉢은 인간의 습관적인 행위로 말미암아 생긴 지속적인 성상(性狀)이나 성격 또는 어떤 사회 집단의 특유한 관습을 말합니다.

❺ 보기에서 알맞은 단어를 골라 □□ 안에 써 넣으세요.

> 엔트로피(entropy) 카타르시스(catharsis) 카오스(chaos)
>
> 텍스트(text) 포스트모더니즘(postmodernism) 패러독스(paradox)
>
> 유토피아(utopia) 헤게모니(hegemony) 패러다임(paradigm)
>
> 카테고리(category) 코스모스(cosmos)

① □□□□는 무질서의 정도를 나타내는 말이다. 예를 들어 방을 청소하지 않고 정리하지 않는다면 어지러운 정도는 점점 심해지는데, 이렇게 □□□□는 시간의 흐름에 따라서 점점 늘어만 간다. 이에 반해 네트로피는 질서, 균형의 정도를 나타내는 말이다.

힌트 열역학(熱力學)에서 물질의 질서 정도와 상태를 나타내는 양(量)의 한 가지입니다.

② □□□□란 표현 구조상으로나 상식적으로는 모순되지만, 실질적 내용은 진리를 나타내고 있는 표현을 말한다. '지는 것이 이기는 것', '바쁠수록 돌아서 가라' 등이 그 예이다.

힌트 참된 명제와 모순되는 결론을 낳는 추론(推論)을 말하며 배리(背理)·역리(逆理) 또는 이율배반(二律背反)이라고도 합니다. '모든 크레타인은 거짓말쟁이다' 라고 크레타인이 말했다면 이것은 참이면서 동시에 거짓이 됩니다. 그 말이 참이라면 크레타인이 한 말이기 때문에 거짓이 되고, 이 말이 거짓이라면 크레타인이 말한 이 진술은 참이 됩니다. 이렇듯 어떤 말을 긍정하든 부정하든 모순을 낳는 것을 이것이라 합니다.

③ 토마스 모어가 1516년에 발표한 『□□□□』는 그리스어의 '없는(ou-)'과 '장소(toppos)' 라는 두 말을 결합하여 만든 용어를 사용한 소설이다. 또한 이 말은 '좋은(eu-) 장소' 라는 뜻을 연상하게 하는 이중의미를 지니고 있다.

힌트 존재하지는 않지만 가장 살기 좋은 이상적인 세상을 말합니다.

44

④ 그가 속한 정당 내에서는 □□□□ 쟁탈전이 벌어졌다. 치열한 싸움 끝에 드디어 그는 □□□□를 장악하였다.

힌트 어떠한 일을 주도하거나 주동하는 지위 또는 권리를 뜻하며, 주도권 혹은 패권(霸權)으로 번역됩니다.

⑤ 행복에 대한 □□□□의 변화로 지금 한국에선 웰빙 바람이 불고 있다.

힌트 한 시대를 살고 있는 사람들의 견해나 사고를 지배하고 있는 이론적 틀이나 개념의 집합체를 말합니다. 이것은 미국의 과학철학자 토마스 쿤(Thomas Kuhn)이 그의 저서 『과학 혁명의 구조』에서 제시한 용어인데, 이것에 의해서 사람들은 자신의 뜻과는 상관없이 한 방향으로 생각하고 그것이 옳거나 틀리다고 여깁니다. 참고로 이 단어는 긍정적인 의미로 사용되는 데 비해 비슷한 뜻의 단어인 '고정 관념'은 부정적인 의미로 사용되는 경우가 많습니다.

⑥ 다윈은 『종의 기원』에서 생명체들을 □□□□별로 구분해서 정리했다.

힌트 다른 개념을 포함하는 최고의 유개념을 말하는데, 일반적으로 부문(部門) 혹은 집합의 뜻으로 이해하면 됩니다.

⑦ 2006년의 월드 베이스볼 클래식을 통해서 한국인들은 거리 응원으로 한 민족이 하나 되는 □□□□□를 체험했다.

힌트 아리스토텔레스의 『시학』에 나오는 말로서 정화(淨化) 또는 순화(純化)라는 뜻입니다. 이것은 어떤 예술 작품에서 인물의 고난과 패배 등의 어려움이 관객들에게 억압당한 느낌을 주는 것이 아니라 해방감이나 일체감을 통한 기쁨과 환희를 줄 때 관객들이 체험하는 감정의 변화를 말합니다. 영화나 소설을 보며 깊은 감명과 함께 관객 자신이 마음의 기쁨, 즐거움 따위를 느꼈다면 이것을 체험한 것이라 할 수 있습니다.

⑧ 우주는 최초의 대폭발로 만들어진 카오스의 상태에서 □□□□의 상태로 점차 변화 발전해 왔다는 것이 그리스인의 우주관이다.

힌트 카오스는 혼돈·무질서의 상태를 말하고, 이것은 안정·질서를 뜻합니다.

⑨ 논술문에서는 다양한 □□□를 여러 관점에서 해석하여 자신의 주장을 펼쳐야 한다.

힌트 어떤 문제 해결을 위한 각종 자료를 말합니다.

⑩ 현대 문화와 예술의 흐름을 단적으로 말하면, □□□□□□□이다. 이들은 후기(post) 모더니즘으로서 이질적인 요소를 결합하여 이전 작품을 새롭게 인용하는 등의 모습을 보이는 것이 특징이다.

힌트 모더니즘에 대한 거부 및 반작용으로 생겨난 문학·예술상의 한 경향을 말합니다. 모더니즘이 비교적 단순한 요소로 이루어진 데 비하여 이것은 이질적인 요소를 결합시키거나 이전 작품을 새롭게 인용하는 등의 모습을 보입니다.

* 정답은 50~51쪽에 있습니다.

스스로 다양한 어휘 익히기

❶ 관계없는 것에 동그라미 치세요.

① 가난하다, 빈곤하다, 풍부하다, 어렵다

② 냉랭하다, 맹렬하다, 치열하다, 격렬하다

③ 가지런하다, 나란하다, 고르다, 정연하다, 비뚤어지다

④ 가운데, 변두리, 중간, 중심, 중앙

⑤ 강산, 하늘, 강토, 산천, 영토

⑥ 깔보다, 업신여기다, 존경하다, 경멸하다, 얕보다, 무시하다

⑦ 거짓말, 빈말, 오류, 허풍, 흰소리

⑧ 건방지다, 거만하다, 겸손하다, 교만하다, 오만하다, 방자하다

⑨ 격식, 틀, 형식, 내용

⑩ 결함, 부족, 허물, 흠, 오류, 장점

⑪ 고난, 난관, 시련, 가시덤불, 풍파, 행복

⑫ 고민, 번민, 고통, 고심, 고뇌

⑬ 고치다, 개조하다, 창조하다, 개편하다, 개선하다, 수정하다

⑭ 시끄럽다, 고요하다, 적막하다, 고즈넉하다

⑮ 겁, 무서움, 공포, 용기, 두려움

⑯ 견디다, 참다, 배기다, 이겨내다, 도망가다

⑰ 갸륵하다, 기특하다, 신통하다, 불쌍하다

⑱ 걱정, 근심, 시름, 우려, 환희

⑲ 갑자기, 별안간, 돌발적으로, 느닷없이, 천천히

⑳ 구두쇠, 수전노, 인색한, 노랑이, 깍쟁이, 영감님

㉑ 여위다, 비리비리하다, 홀쭉하다, 말랑말랑하다

㉒ 소경, 장님, 천리안, 맹인, 봉사

㉓ 성나다, 겁내다, 노하다, 화나다, 격분하다

㉔ 성급하다, 느리다, 조급하다, 다급하다

㉕ 서슴없이, 사심 없이, 거리낌 없이, 기탄없이, 급하게

❷ 관계없는 것에 동그라미 치세요.

① 상쾌하다, 개운하다, 기분 나쁘다, 가뿐하다

② 사람, 인간, 인류, 천사

③ 거짓말, 빈말, 헛소리, 공담, 오류

④ 범위, 테두리, 넓이, 틀

⑤ 모범, 범위, 본보기, 귀감, 사표

⑥ 돕다, 찾다, 거들다, 협조하다

⑦ 도지다, 덧나다, 빗나가다, 재발하다

⑧ 모퉁이, 모서리, 가운데, 귀퉁이

⑨ 기쁨, 쾌락, 즐거움, 환희, 희열

⑩ 계책, 꾀, 기만, 술책, 계략

⑪ 남자, 사나이, 사내, 남아, 낭자, 사내자식, 놈

⑫ 낯설다, 익숙하다, 생소하다, 서먹하다

⑬ 눈치, 음치, 기미, 낌새

⑭ 우기다, 고집하다, 관철하다

⑮ 위협, 협박, 공갈, 공포

⑯ 의심, 미혹, 의혹, 의아, 의문

⑰ 의젓하다, 늠름하다, 어엿하다, 용감하다

⑱ 줄곧, 잇달아, 연이어, 계속, 단절

⑲ 지름길, 샛길, 첩경, 갓길

⑳ 지난날, 과거, 예전, 옛날, 종래, 머지않아

㉑ 진저리, 대머리, 진절머리, 넌더리, 넌덜머리

㉒ 짐작, 가늠, 대중, 어림, 대충대충, 어림짐작

㉓ 해질 무렵, 해질녘, 석양, 석양빛, 일몰

㉔ 참견하다, 간섭하다, 개입하다, 끼어들다, 사랑하다

㉕ 케케묵다, 고루하다, 신선하다, 낡아 빠지다, 낡다

* 정답은 51쪽에 있습니다.

33쪽

❶ ① 자율(自律)　② 정보(情報)　③ 시장(市場)　④ 신체(身體)
　　⑤ 실존(實存)　⑥ 연역(演繹)　⑦ 유기(有機)　⑧ 유추(類推)
　　⑨ 윤리(倫理)　⑩ 이단(異端)

❷ ① 제도(制度)　② 주체(主體)　③ 차이(差異)　④ 책임(責任)
　　⑤ 추상(抽象)　⑥ 문화연구　⑦ 폭력(暴力)　⑧ 표상(表象)
　　⑨ 허구(虛構)

❸ ① 상징(symbol)　② 아날로그(analogue)　③ 레토릭(rhetoric)
　　④ 시스템(system)　⑤ 아우라(aura)　⑥ 브랜드(brand)

❹ ① 아이러니(irony)　② 아 프리오리(a priori)
　　③ 알레고리(allegory)　④ 에고이즘(egoism)
　　⑤ 에로스(eros)　⑥ 에콜로지(ecology)
　　⑦ ㉠ 로고스(logos), ㉡ 파토스(pathos), ㉢ 에토스(ethos)

⑤ ① 엔트로피(entropy) ② 패러독스(paradox)

③ 유토피아(utopia) ④ 헤게모니(hegemony)

⑤ 패러다임(paradigm) ⑥ 카테고리(category)

⑦ 카타르시스(catharsis) ⑧ 코스모스(cosmos)

⑨ 텍스트(text) ⑩ 포스트모더니즘(postmodernism)

47쪽 문제 풀기

❶ ① 풍부하다 ② 냉랭하다 ③ 비뚤어지다 ④ 변두리 ⑤ 하늘 ⑥ 존경하다 ⑦ 오류 ⑧ 겸손하다 ⑨ 내용 ⑩ 장점 ⑪ 행복 ⑫ 고통 ⑬ 창조하다 ⑭ 시끄럽다 ⑮ 용기 ⑯ 도망가다 ⑰ 불쌍하다 ⑱ 환희 ⑲ 천천히 ⑳ 영감님 ㉑ 말랑말랑하다 ㉒ 천리안 ㉓ 겁내다 ㉔ 느리다 ㉕ 급하게

❷ ① 기분 나쁘다 ② 천사 ③ 오류 ④ 틀 ⑤ 범위 ⑥ 찾다 ⑦ 빗나가다 ⑧ 가운데 ⑨ 쾌락 ⑩ 기만 ⑪ 낭자 ⑫ 익숙하다 ⑬ 음치 ⑭ 관철하다 ⑮ 공포 ⑯ 미혹 ⑰ 용감하다 ⑱ 단절 ⑲ 갓길 ⑳ 머지않아 ㉑ 대머리 ㉒ 대충대충 ㉓ 석양빛 ㉔ 사랑하다 ㉕ 신선하다

어휘력을 키우면 사고력도 달라진다!

제3장

1 논리력을 키우는 관용적 표현

관용어(慣用語)란 두 개 이상의 단어로 이루어져 있으며 그 단어가 지닌 의미만으로는 전체의 의미를 알 수 없는 특수한 의미를 지닌 말을 말합니다. 이것은 각 나라의 언어 습관에 의해 만들어진 것이기 때문에 그 나라에서 쓰이는 용법을 알아야 정확한 의미를 이해할 수 있습니다. 관용적 표현들을 숙지하고 잘 사용하면 좋은 글을 쓰는 데 도움이 됩니다. 먼저 다음의 연습 문제들을 풀어 봅시다.

관용적 표현 연습

❶ 보기에서 알맞은 것을 골라 (   ) 안에 번호를 써 넣으세요.

> (1) 쓸개가 빠지다   (2) 엉덩이에 뿔이 나다   (3) 이골이 나다   (4) 재갈을 물
> 리다   (5) 잔뼈가 굵다   (6) 전철을 밟다   (7) 좀이 쑤시다   (8) 죽도 밥도 아
> 니다   (9) 쥐도 새도 모르게   (10) 털끝도 건드리지 못하다   (11) 개밥의 도토리

① 앞서 다른 사람이 실패한 것을 그대로 다시 되풀이하다. (   )

② 잠시도 가만히 있지 못하고 들썩거리다. (   )

③ 이것도 저것도 아니어서 쓸모가 없다. (   )

④ 조금도 손을 대지 못하다. (   )

⑤ 아무도 모르게 어떤 일을 하다. (   )

⑥ 어리거나 경험이 부족하던 사람이 오랜 세월이 흘러 어른이 되거나 능숙
   한 사람이 되다. (   )

⑦ 하는 행동이 속이 없고 정당하지 못하다. (   )

⑧ 어린 사람이 올바르게 행동하지 못하고 비뚤어지다. (   )

⑨ 어떤 일에 익숙해지다. (   )

⑩ 자유와 권리를 빼앗고 멋대로 부리며 꼼짝 못하게 통제하다. (   )

⑪ 축에 끼지 못하고 따돌림을 당하다. (   )

❷ 보기에서 알맞은 것을 골라 (   ) 안에 번호를 써 넣으세요.

> ⑴ 가려운 데를 긁어 주다   ⑵ 가슴을 불태우다   ⑶ 구린내가 나다   ⑷ 국물도 없다   ⑸ 궁둥이가 무겁다   ⑹ 귀에 못이 박히다   ⑺ 냄새를 맡다 ⑻ 눈에 흙이 들어가다   ⑼ 눈코 뜰 새가 없다   ⑽ 고배를 마시다   ⑾ 골수에 사무치다   ⑿ 곰팡내가 나다   ⒀ 귀를 의심하다   ⒁ 까탈 부리다 ⒂ 거드름을 피우다

① 꼭 필요한 것을 알아서 원하는 것을 만족시키다. (   )

② 의욕이나 기세가 몹시 넘쳐흐르다. (   )

③ 거만하게 행동하다. (   )

④ 잘못 들은 것이 아닌가 하여 믿지 못하다. (   )

⑤ 너무 바빠 다른 데 신경 쓸 겨를이 없다. (   )

⑥ 움직임이 굼뜨고 오랫동안 앉아 있다. (   )

⑦ 같은 말을 여러 번 들어 귀찮고 싫은 느낌이 들다. (   )

⑧ 눈치나 낌새를 알아채다. (   )

⑨ 죽어 땅에 묻히다. (   )

⑩ 원한이나 느낌이 커서 잊을 수 없다. (   )

⑪ 실패해서 쓰라린 일을 당하다. (   )

⑫ 수상쩍은 데가 있어 의심스러운 느낌이 들다. (   )

⑬ 아무 이득이 없다. (   )

⑭ 낡고 고리타분하여 시대에 뒤떨어지다. (   )

⑮ 일을 잘 되지 않도록 방해하기 위해서 이런저런 트집을 잡아 까다롭게
  굴다. (   )

❸ 보기에서 알맞은 것을 골라 (   ) 안에 번호를 써 넣으세요.

(1) 다리를 놓다	(2) 머리를 깎다	(3) 물망에 오르다	(4) 미역국을 먹다
(5) 등골이 빠지다	(6) 바가지를 긁다	(7) 바가지를 쓰다	(8) 발뺌을 하다
(9) 비린내가 나다	(10) 발이 넓다	(11) 손톱을 튀기다	(12) 손끝이 맵다
(13) 쌍수를 들다	(14) 배꼽을 쥐다	(15) 명함도 못 내밀다	

① 스님이 되다. (   )

② 그 사람이면 적당하다고 대중의 여론에 오르다. (   )

③ 상대방과 연결하기 위해서 중간에 다른 사람을 놓다. (   )

④ 수준이나 정도의 차이가 너무 커서 감히 상대하여 나서지 못하다. (   )

⑤ 몹시 우스워서 배를 움켜쥐고 크게 웃다. (   )

⑥ 기쁜 마음으로 지지하거나 환영하다. (   )

⑦ 아는 사람이 많아서 사귀고 다니는 범위가 넓다. (   )

⑧ 어떤 일에 대해서 억울하게 손해를 보거나 책임을 지게 되다. (   )

⑨ 시험이나 일자리 등에서 떨어지다. 실패하다. (   )

⑩ 일하는 데서 견디기 어려울 정도로 몹시 힘들다. (   )

⑪ 주로 아내가 남편에게 생활상의 문제로 불평과 잔소리를 하다. (　　)

⑫ 책임에서 벗어나려고 애쓰다. (　　)

⑬ 몹시 어리고 애 티가 나다. (　　)

⑭ 일을 하지 않고 놀고 지내다. (　　)

⑮ 몹시 아픔을 주다. 일하는 것이 야무지다. (　　)

＊ 정답은 67쪽에 있습니다.

2 사고력을 돋보이게 하는 속담

　예전부터 일상생활에서 사용한 교훈이나 격언을 담은 말을 속담이라고 합니다. 속담에는 생활 속에서 나오는 지혜를 압축적으로 표현한 것이 많으므로, 속담을 활용하면 보다 효율적으로 자신의 주장을 쉽게 전달·표현할 수 있습니다.

속담 익히기

❶ 각 해설에 따라 맞는 속담을 보기에서 골라 (　　) 안에 번호를 써 넣으세요.

(1) 산이 깊어야 범이 있다   (2) 오는 정이 있어야 가는 정이 있다   (3) 가랑
잎에 불 붙듯 한다   (4) 말은 타 봐야 알고 사람은 사귀어 봐야 안다   (5) 새
우 싸움에 고래 등 터진다   (6) 망건 쓰자 파장된다   (7) 군자는 입을 아끼고
범은 발톱을 아낀다   (8) 맹수는 함부로 발톱을 보이지 않는다   (9) 가난도
스승이다   (10) 강아지는 방에서 키워도 개가 된다   (11) 가다 말면 안 가느니
만 못하다   (12) 가난 구제는 나라도 못한다   (13) 개도 세 번만 보면 꼬리를
친다   (14) 개같이 벌어서 정승같이 쓴다   (15) 고기는 씹어야 맛이고 말은 해
야 맛이다

① 성격이 매우 급하고 도량이 좁아 걸핏하면 발끈하고 화를 잘 낸다. (   )

② 남에게 무엇이든 대접을 받으면 그만큼 해 주어야 한다. (   )

③ 남의 싸움에 아무 관계없는 사람이 해를 입거나 아랫사람들 싸움으로 윗
   사람이 해를 입다. (   )

④ 모든 일에는 때가 있으니 때를 놓치지 말아야 한다. (   )

⑤ 꼭 필요한 때에만 자신의 실력을 보여야 한다. (   )

⑥ 사람을 알려면 겉으로만 판단하지 말고 반드시 사귀어 봐야 한다. (   )

⑦ 가난하면 이를 극복하려는 의지와 노력이 생기므로 가난도 스승과 같은
   역할을 한다. (   )

⑧ 천성이 나쁜 사람은 아무리 노력해도 원래 성격을 바꾸기 어렵다. (   )

⑨ 어떤 일을 하다가 도중에 그만두려면 처음부터 하지 않는 편이 낫다.
   (   )

⑩ 스스로 일하지 않는 가난한 사람은 도와주어도 끝이 없다. (   )

⑪ 안면이 있는 사이인데도 인사에 인색하다. (   )

⑫ 천한 일을 하여 돈을 벌어도 쓸 때는 깨끗하고 보람 있게 써야 한다.
  (   )

⑬ 안으로 끙끙거리지 말고 할 말이라면 시원하게 해 버려야 좋다. (   )

⑭ 군자는 말하는 것을 조심하고 호랑이는 사냥 시 귀중하게 사용되는 발톱
  을 조심한다. (   )

⑮ 훌륭한 덕이 있는 이에게 사람들이 따른다. (   )

❷ 같은 뜻의 속담을 보기에서 골라 (   ) 안에 번호를 써 넣으세요.

> (1) 구슬이 서 말이라도 꿰어야 보배   (2) 새 발에 피   (3) 서투른 무당이 장구만 탓한다   (4) 구관이 명관   (5) 재주는 곰이 넘고 돈은 되놈이 번다   (6) 산 넘어 산   (7) 세 살 버릇 여든 간다   (8) 믿는 도끼에 발등 찍힌다   (9) 우물에 가서 숭늉 찾는다

① 부뚜막의 소금도 집어넣어야 짜다. (   )

② 간에 기별도 안 간다. (   )

③ 친구는 옛 친구가 좋고, 옷은 새 옷이 좋다. (   )

④ 서투른 목수가 대패 탓만 한다. (   )

⑤ 겨 먹던 개가 쌀 못 먹을까. (   )

⑥ 개가 쥐 잡고 먹기는 고양이가 훔쳐 먹는다. (   )

⑦ 갈수록 태산이다. (   )

⑧ 기르던 개에게 다리를 물렸다. (   )

⑨ 나무에 올라 고기를 구한다. (   )

❸ 속담의 해설을 보기에서 골라 (   ) 안에 번호를 써 넣고, [   ] 안에서 같은 뜻의 사자성어를 고르세요.

---

(1) 가재는 게 편이다   (2) 엎친 데 덮친 격이다   (3) 감나무 밑에 누워 감이 떨어지기를 기다린다   (4) 등잔 밑이 어둡다   (5) 가뭄에 도랑치기   (6) 겉 다르고 속 다르다   (7) 나중 난 뿔이 우뚝하다(뒤에 난 뿔이 우뚝하다)   (8) 닭 이 천이면 봉이 한 마리   (9) 마당 쓸고 돈 줍고(누이 좋고 매부 좋고)   (10) 사 냥이 끝나면 개를 삶는다.

---

① 가물 때 도랑을 만들어 두면 장마 때 걱정이 없다는 뜻으로, 무슨 일이든 미리 준비하는 것을 이르는 말입니다. 비슷한 사자성어로는 [유유상종(類 類相從) 유비무환(有備無患) 설상가상(雪上加霜)]이 있습니다. (   )

② 가재도 게와 모양이 비슷하기 때문에 게 편을 든다는 말로서 서로 비슷 한 것끼리 한편이 된다는 뜻입니다. 이와 비슷한 사자성어에는 [유유상 종(類類相從) 유비무환(有備無患) 설상가상(雪上加霜)]이 있습니다. (   )

③ 힘든 일 또는 불행한 일을 당하고 있는데 그것에 또 다른 불행이 다가선다는 말입니다. 이와 비슷한 사자성어에는 [유유상종(類類相從) 유비무환(有備無患) 설상가상(雪上加霜)]이 있습니다. (   )

④ 이 세상에 공짜는 없습니다. 반드시 그 일에 대한 대가가 있지요. 그런데 무슨 일이고 노력 없이 이익을 바라는 사람이 있습니다. 이처럼 노력 없이 이익을 바란다는 뜻의 말은 무엇일까요? 이와 비슷한 사자성어에는 [수주대토(守株待兔) 표리부동(表裏不同) 청출어람(靑出於藍)]이 있습니다. (   )

⑤ 말하는 것과 행동하는 것이 다르다는 뜻입니다. 이와 비슷한 사자성어에는 [수주대토(守株待兔) 표리부동(表裏不同) 청출어람(靑出於藍)]이 있습니다. (   )

⑥ 아랫사람이 윗사람보다 더 나을 때, 또는 후배가 선배보다 훌륭해진 경우에 쓰는 말입니다. 비슷한 사자성어로는 [수주대토(守株待兔) 표리부동(表裏不同) 청출어람(靑出於藍)]이 있습니다. (   )

⑦ 여럿이 모여 있는 곳에는 반드시 뛰어난 사람이 한두 명 있다는 뜻입니다. 이와 비슷한 사자성어에는 [군계일학(群鷄一鶴) 등하불명(燈下不明)]이 있습니다. (   )

⑧ 가까운 곳에서 생긴 일인데도 오히려 먼 곳에서 벌어진 일보다 잘 모른다는 뜻입니다. 이와 비슷한 사자성어에는 [군계일학(群鷄一鶴) 등하불명(燈下不明)]이 있습니다. (   )

⑨ 마당은 깨끗해져서 좋고 돈을 주워 주머니가 두둑해졌으니 여러 모로 좋다는 말입니다. 이와 비슷한 사자성어에는 [일석이조(一石二鳥) 토사구팽(兎死狗烹) 어부지리(漁父之利)]가 있습니다. (   )

⑩ 필요할 때는 중요하게 생각하다가도 필요 없게 되면 천대하고 버린다는 뜻입니다. 이와 비슷한 사자성어에는 [일석이조(一石二鳥) 토사구팽(兎死狗烹) 어부지리(漁父之利)]이 있습니다. (   )

＊ 정답은 67～68쪽에 있습니다.

스스로 어휘력 키우기

① 반대되는 말끼리 연결한 것입니다. 괄호 속에 한 번씩 써 봅시다.

① 낙관(樂觀) – 비관(悲觀)　(　　　　　　　　　　　)

② 농후(濃厚) – 희박(稀薄)　(　　　　　　　　　　　)

③ 단순(單純) – 복잡(複雜)　(　　　　　　　　　　　)

④ 미달(未達) – 초과(超過)　(　　　　　　　　　　　)

⑤ 비굴(卑屈) – 용감(勇敢)　(　　　　　　　　　　　)

⑥ 강자(强者) – 약자(弱子)　(　　　　　　　　　　　)

⑦ 강제(强制) – 임의(任意)　(　　　　　　　　　　　)

⑧ 개국(開國) – 쇄국(鎖國)　(　　　　　　　　　　　)

⑨ 우연(偶然) – 필연(必然)　(　　　　　　　　　　　)

⑩ 걸작(傑作) – 졸작(拙作)　(　　　　　　　　　　　)

⑪ 결과(結果) – 원인(原因)　(　　　　　　　　　　　)

⑫ 결혼(結婚) – 이혼(離婚)　(　　　　　　　　　　　)

⑬ 곡선(曲線) – 직선(直線)　(　　　　　　　　　　　)

⑭ 구형(舊形) – 신형(新型)　(　　　　　　　　　　　)

⑮ 귀납(歸納) – 연역(演繹)　(　　　　　　　　　　　)

⑯ 근시(近視) – 원시(遠視)　(　　　　　　　　　　　)

⑰ 나태(懶怠) – 근면(勤勉)　(　　　　　　　　　　　)

⑱ 낭비(浪費) − 절제(節制) (   )

⑲ 단결(團結) − 분열(分裂) (   )

⑳ 매립(埋立) − 굴착(掘鑿) (   )

㉑ 불황(不況) − 호황(好況) (   )

㉒ 능동(能動) − 수동(受動) (   )

㉓ 전쟁(戰爭) − 평화(平和) (   )

❷ 문제를 읽고 물음에 답하세요.

① '정도 이상의 좋은 것만을 탐하는 버릇이 있다'는 의미로 쓰이는 말은 무엇일까요?

   ㉠ 코가 높다   ㉡ 손을 떼다   ㉢ 신물 나다

   ㉣ 싹이 노랗다   ㉤ 눈이 높다

② 음식을 별로 많이 먹지 않고 가리는 것이 많은 사람에게 쓰는 말은 무엇일까요?

   ㉠ 입이 짧다   ㉡ 입이 가볍다   ㉢ 입이 걸다

   ㉣ 말 많은 집은 장맛도 쓰다   ㉤ 입이 열 개라도 할 말이 없다

③ 잘못 연결된 것을 고르세요.

   ㉠ 얼굴 가죽이 두껍다 − 피부가 곱다, 잘생겼다

   ㉡ 얼굴이 뜨겁다 − 부끄럽다, 창피하다

   ㉢ 귀 빠진 날 − 생일

ⓔ 목이 잘리다−파면당하다

ⓜ 발뒤꿈치도 따를 수 없다−상대가 너무 뛰어나 비교도 안 될 정도이다

④ 잘 진행되던 일에 차질이 생길 때 쓰는 말은 무엇일까요?

    ㉠ 귀가 여리다   ㉡ 손을 대다   ㉢ 바가지 쓰다

    ㉣ 뼈를 깎다   ㉤ 구멍이 뚫리다

⑤ 구두쇠와 같은 사람을 두고 말할 때 쓰는 말은 무엇일까요?

    ㉠ 손끝이 여물다   ㉡ 손톱 여물을 썰다

    ㉢ 손톱도 안 들어간다   ㉣ 손이 발이 되도록 빌다

    ㉤ 손톱 하나 까딱 않는다

⑥ 잘못 연결된 것을 고르세요.

    ㉠ 계륵(鷄肋)−가장 맛있는 부분

    ㉡ 13일의 금요일−가장 불길한 날

    ㉢ 아킬레스의 힘줄−유일한 약점

    ㉣ 트로이의 목마−위계(僞計), 속임수

    ㉤ 악어의 눈물−위선(僞善)

❸ 보기에서 알맞은 것을 골라 (   ) 안에 번호를 써 넣으세요.

> (1) 쓴맛 단맛 다 보다   (2) 암탉이 울다   (3) 오지랖이 넓다
>
> (4) 열에 아홉   (5) 올가미를 쓰다

① 고생이나 시련을 겪으면서 많은 경험을 얻음 (   )

② 남의 꾀에 걸려듦 (   )

③ 아내가 남편을 무시하고 자기 생각을 내세움 (   )

④ 필요 없는 일에 쓸데없이 참견함 (   )

⑤ 거의 대부분 (   )

❹ 보기에서 알맞은 것을 골라 (   ) 안에 번호를 써 넣으세요.

> (1) 쓴잔을 마시다   (2) 신물이 나다   (3) 어깨가 가볍다   (4) 이를 악물다
>
> (5) 자라목이 되다   (6) 주머니가 가볍다   (7) 코가 납작해지다

① 실패하거나 패배하는 쓰라림을 당함 (   )

② 가지고 있는 돈이 많지 않음 (   )

③ 책임이나 의무를 다하여 마음이 가벼움 (   )

④ 어려움을 극복하기 위해 엄청나게 노력함 (   )

⑤ 고생스럽고 힘들어서 생각만 해도 진절머리가 남 (   )

⑥ 기세가 죽어 기운이 빠짐 (   )

⑦ 위신이나 기세가 뚝 떨어짐 (   )

＊ 정답은 68쪽에 있습니다.

길잡이

53쪽 논리력을 키우는 관용적 표현

❶ ①(6) ②(7) ③(8) ④(10) ⑤(9) ⑥(5) ⑦(1) ⑧(2)
  ⑨(3) ⑩(4) ⑪(11)

❷ ①(1) ②(2) ③(15) ④(13) ⑤(9) ⑥(5) ⑦(6) ⑧(7) ⑨(8) ⑩(11)
  ⑪(10) ⑫(3) ⑬(4) ⑭(12) ⑮(14)

❸ ①(2) ②(3) ③(1) ④(15) ⑤(14) ⑥(13) ⑦(10) ⑧(7) ⑨(4) ⑩(5)
  ⑪(6) ⑫(8) ⑬(9) ⑭(11) ⑮(12)

56쪽 사고력을 돋보이게 하는 속담

❶ ①(3) ②(2) ③(5) ④(6) ⑤(8) ⑥(4) ⑦(9) ⑧(10) ⑨(11) ⑩(12)
  ⑪(13) ⑫(14) ⑬(15) ⑭(7) ⑮(1)

❷ ①(1) ②(2) ③(4) ④(3) ⑤(7) ⑥(5) ⑦(6) ⑧(8) ⑨(9)

❸ ①(5), 유비무환(有備無患)   ②(1), 유유상종(類類相從)

③ (2), 설상가상(雪上加霜)　　④ (3), 수주대토(守株待兎)

⑤ (6), 표리부동(表裏不同)　　⑥ (7), 청출어람(靑出於藍)

⑦ (8), 군계일학(群鷄一鶴)　　⑧ (4), 등하불명(燈下不明)

⑨ (9), 어부지리(漁父之利)　　⑩ (10), 토사구팽(兎死狗烹)

62쪽 문제 풀기

❷ ① ㅁ　　② ㄱ　　③ ㄱ　　④ ㅁ　　⑤ ㄷ　　⑥ ㄱ

❸ ① (1)　　② (5)　　③ (2)　　④ (3)　　⑤ (4)

❹ ① (1)　　② (6)　　③ (3)　　④ (4)　　⑤ (2)　　⑥ (5)　　⑦ (7)

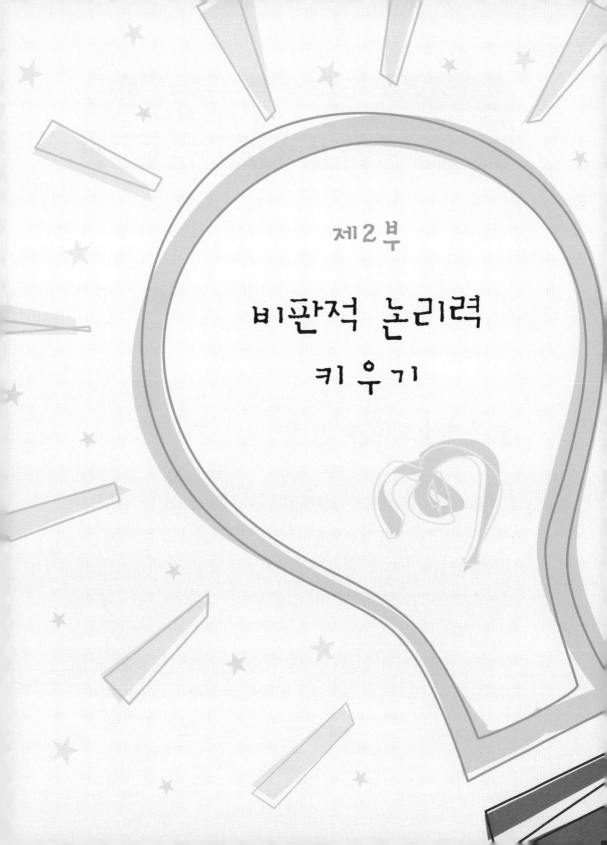

제2부

비판적 논리력
키우기

제4장 오류를 알면 비판이 가능하다!

1 글에서 오류 찾기

사람은 살아가면서 많은 오류를 범합니다. 오류란 본인은 참이라고 생각하지만, 객관적인 입장에서는 거짓인 것을 말합니다. 거짓말과 오류는 다릅니다. 거짓말은 상대방을 속이기 위한 '부정직한 틀린 판단'을 말하고, 오류는 자신은 옳다고 여기지만 실제로는 틀린 '정직한 틀린 판단'을 말합니다.

논술에서 오류 없는 주장을 펼치는 것은 매우 중요합니다. 논술은 '설득하는 글'이므로 아무리 멋진 글을 썼더라도 주장에 오류가 있다면 아

무도 설득시킬 수 없기 때문입니다. 다음 오류 분류표를 먼저 살펴 알아
봅시다.

구 분		오 류
형식적 오류	타당한 논증 형식	선결 문제 요구의 오류(순환 논증의 오류) 자가당착의 오류(비정합성의 오류)
	부당한 논증 형식	전건 부정의 오류 · 후건 긍정의 오류 선언지 긍정의 오류 · 삼단논법의 오류
비형식적 오류	자료적 오류	논거 부재(不在)의 오류 — 공포에 호소하는 오류 · 증오에 호소하는 오류 쾌락(유머)에 호소하는 오류 · 아첨에 호소하는 오류 복합 질문의 오류 · 우물에 독 뿌리기(원천 봉쇄의 오류)
		논거 부적(不適)의 오류 — 정황에 호소하는 오류 · 피장파장의 오류 동정에 호소하는 오류 · 사적 관계에 호소하는 오류 부적합한 권위에 호소하는 오류 · 허수아비 공격의 오류 대중에 호소하는 오류 · 무지에 호소하는 오류
		논거 부실(不實)의 오류 — 성급한 일반화 · 잘못된 유비 추리 · 논점 일탈의 오류 거짓 원인의 오류(원인 오판의 오류, 잘못된 인과 관계의 오류) 도박사의 오류 · 우연의 오류 · 원칙 혼동의 오류 의도 확대의 오류 · 발생학적 오류 · 합성의 오류 분할의 오류 · 흑백 논리의 오류 · 거짓 딜레마의 오류
	언어적 오류	애매어의 오류 · 은밀한 재정의의 오류 · 애매문의 오류 애매모호의 오류 · 범주 오류 · 강조의 오류 정의에 의한 존재 강요의 오류

오류는 크게 형식적 오류와 비형식적 오류로 나눌 수 있습니다. 형식

적 오류는 논리학의 기본 형식을 어김으로써 발생하는 오류를 말하고, 비형식적 오류는 크게 자료적 오류와 언어적 오류로 나뉩니다. 자료적 오류는 다시 주장의 근거가 없는 논거 부재의 오류, 주장의 근거가 부적절한 논거 부적의 오류, 주장의 근거가 충분하지 않은 논거 부실의 오류로 나눌 수 있습니다. 그리고 언어적 오류는 언어의 불완전성과 애매모호함에서 발생하는 오류들을 말합니다. 구체적인 예를 통해서 이 오류들이 어떤 것인지를 살펴보겠습니다.

가_ 형식적 오류

❶ 비가 오면 땅이 젖는다.

'비가 오면 땅이 젖는다'라는 말로 이야기를 시작하겠습니다. 비가 오면 땅은 반드시 젖습니다. 그렇다면 비가 안 온 경우에는 어떨까요? 비가 오지 않았어도 땅은 젖을 수 있습니다. 누가 물을 뿌리거나 상수도관이 터지거나 눈과 우박이 오는 경우에도 땅이 젖기 때문입니다. 그러므로 땅이 젖었다고 해서 반드시 비가 왔다고는 할 수 없습니다. 또한 비가 왔는데도 땅이 젖지 않았다고 말할 수도 없습니다. 아무리 적은 비가 와도 땅은 젖게 되므로 그것은 거짓말이 되기 때문입니다.

'비가 오면 땅이 젖는다'라는 말을 분석해 보겠습니다. 이것은 '비가 온다'와 '땅이 젖는다'는 두 명제가 '만일 ~하면 ~한다'는 조건 연결어로 합쳐진 명제입니다. '만일 비가 온다면'이라는 조건이 들어갔기 때문에 조건판단이라 합니다. 여기서 '비가 온다'는 앞에 나온 조건이기에 '전건'이라 하고, '땅이 젖는다'는 뒤에 나온 조건이기 때문에 '후건'이라고 합니다. 참고로 명제란 참과 거짓을 판단할 수 있는 문장을 말하고, 판단이란 참과 거짓을 구분하는 생각을 뜻합니다.

① 비가 오면 땅이 젖는다. 비가 왔다. 따라서 땅이 젖었다.

비가 오면 땅은 반드시 젖습니다. 따라서 이 판단은 옳습니다. 앞에 나온 조건을 긍정해서 뒤에 나온 조건을 주장했기 때문에 맞는 이야기이고, 이것을 '전건 긍정식'이라고 합니다.

② 비가 오면 땅이 젖는다. 비가 오지 않았다. 따라서 땅이 젖지 않았다.

비가 오지 않았어도 땅은 젖을 수 있습니다. 그런데도 땅이 젖지 않았다고 단정했기 때문에 오류를 범한 것입니다. 이것을 '전건 부정의 오류'라고 합니다.

③ 비가 오면 땅이 젖는다. 땅이 젖었다. 따라서 비가 왔다.

땅이 젖었다고 해서 반드시 비가 왔다고 할 수는 없습니다. 앞에서 이야기했듯이 눈 혹은 우박이 오거나 상수도관이 터지거나 물을 뿌렸기 때문에 땅이 젖을 수도 있기 때문입니다. 이것은 '후건 긍정의 오류'를 범한 경우라고 할 수 있습니다.

④ 비가 오면 땅이 젖는다. 땅이 젖지 않았다. 따라서 비가 오지 않았다.

땅이 젖지 않은 것으로 보아 비는 분명히 안 왔습니다. 비가 왔다면 땅은 조금이라도 젖었어야 하기 때문입니다. 이것은 후건을 부정해서 전건을 부정했기 때문에 '후건부정식'이라고 합니다.

❷ ○○경전의 내용이 모두 진리인 것은 ○○경전에 그렇게 써 있기 때문이다.

이 주장은 ○○경전에 쓰인 것이 왜 진리인지에 대한 설명이 없습니다. 단지 ○○경전에 쓰인 건 진리라고 ○○경전에 써 있다는 같은 말만을 되풀이하고 있는 것이지요. 이처럼 논증하는 주장과 비슷하거나 같은 말만을 주장의 근거로 삼을 때 범하는 오류를 '순환 논증의 오류(선결 문제 요구의 오류)'라고 합니다.

❸ 그가 사랑하는 여자는 미인이거나 머리가 좋다.

세상에는 머리가 좋으면서도 미인인 여자가 많습니다. 그러므로 미인이면 머리가 나쁘고, 머리가 좋으면 미인이 아니라는 건 잘못된 주장입니다. 이렇게 두 개의 단순명제를 잘못 연결하면서 범하는 오류를 '선언지 긍정의 오류'라고 합니다.

❹ 인간은 만물의 영장이다. 남자는 인간이다. 그러므로 여자도 만물의

영장이다.

'대전제-모든 사람은 죽는다. 소전제-소크라테스는 사람이다. 결론-그러므로 소크라테스는 죽는다.'에서 결론의 주어 '소크라테스'를 소개념, 술어인 '죽는다'를 대개념이라 합니다. 그리고 대개념이 들어간 전제를 대전제, 소개념이 들어간 전제를 소전제라 하지요. 또한 대전제와 소전제에 있으면서 대개념과 소개념을 연결(중매)해서 결론을 이끌어 내는 '사람'을 매개념이라 한답니다.

삼단논법은 대개념, 소개념, 매개념 등 세 개의 개념이 각각 두 번씩 사용되어 대전제, 소전제, 결론으로 이루어져야 한다는 규칙이 있습니다. 삼단논법 문제가 나오면 여러분은 먼저 결론의 주어와 술어를 확인한 다음 대개념, 소개념, 매개념을 밝혀야 합니다. 그리고 그 개념들이 바르고 정확한 의미로 사용되었는지를 확인하면 됩니다. 확인해 보아서 대개념, 매개념, 소개념이 애매하면 '대개념·매개념·소개념 애매의 오류'를 범한 것이고, 세 개 이상의 개념이 사용되면 4개념 사용의 오류를 범했다고 합니다. 그런데 이 논증에선 '인간·만물의 영장·남자·여자'라는 네 개의 개념이 사용되었습니다. 4개의 개념을 사용했기 때문에 '4개념 사용의 오류'를 범했습니다.

나_ 비형식적 오류

비형식적 오류는 크게 ① 심리적 오류 ② 자료적 오류 ③ 언어적 오류로 나눌 수 있습니다. 여기서 심리적 오류는 자료적 오류와 언어적 오류 모두에 걸쳐서 존재합니다. 따라서 비형식적 오류는 크게 자료적 오류와 언어적 오류로 구분된다고 할 수 있습니다.

❶ 심리적 오류

인간의 감정은 7정이라 하여 일곱 가지로 나뉘는데, 희(喜)·노(怒)·애(愛)·구(懼)·애(哀)·오(惡)·욕(慾), 즉 기쁨·노함(화냄)·사랑·두려움·슬픔·미움·욕심이 그것입니다. 이 감정들에 따라서 사람들은 서로 다른 판단을 내리기도 합니다. 이렇게 인간의 감정과 심리, 마음의 상태에 따라 잘못 내려진 판단으로 범하는 오류를 심리적 오류라고 합니다. 다음을 통해 심리적 오류의 예들을 살펴보겠습니다.

① **"내가 깨뜨렸다고 선생님한테 이르면 죽을 줄 알아!"**

유리창을 깨뜨린 학급의 '짱'이 급우들한테 위와 같이 말하며 선생님에게 이르지 못하도록 합니다. 이렇게 동정, 연민, 공포, 증오 등의 감정에 호소해서 자신의 주장을 받아들이게 하는 오류를 '감정에 호소하는 오류'라고 합니다.

② **"너하고 나는 부모 자식 간이잖니? 도대체 아빠의 말을 안 들어주는 자식이 어디 있니? 이번 한 번은 봐다오. 부탁이다, 응?"**

이렇게 특별한 사실적 관계와 정 때문에 상대방으로 하여금 자신의 주장을 받아들일 것을 요청하는 것은 '정황·사적 관계에 호소하는 오류'를 범하는 것입니다.

③ **"이 화장품은 미스 코리아도 썼고, 미스 유니버스도 썼습니다. 아름다운 여성들 모두는 이 화장품을 쓰고 있습니다. 다수의 미인들이 사용하는 아름다운 여성의 필수품, ○○화장품을 소개합니다."**

이 광고를 들으면 '○○화장품'을 사용하지 않는다면 유행에 한참 뒤진 사람이 될 것 같습니다. 또한 이 화장품을 쓰면 미인이 될 것도 같습니다. 이렇게 '많은 사람들이 그렇게 하니 당신도 그것을 따르면 좋다'고 은근히 강요하는 오류를 '군중에의 호소'라고 합니다.

④ **"이것이 얼마나 좋은 화장품인 줄 아니? 그 유명한 탤런트 ○○○도 언제나 이 화장품만 쓴다지 않니?"**

유명 탤런트는 한 명의 소비자일 뿐, 그 화장품이 객관적으로 좋은 것이라고 말할 수 있는 전문가는 아닙니다. 이렇게 논지와 직접적인 관련이 없는 권위자의 견해를 근거로 신뢰하게 하는 오류를 '부적합한 권위에의 호소'라고 합니다.

⑤ **"저 사람은 사기꾼이야. 어떻게 저 사람의 말을 믿을 수 있어? 그는 또 거짓말을 할 게 뻔해!"**

이와 같이 누군가가 사기꾼이라고 해서 그의 말을 모두 안 믿는다면 이는 주장하는 사람의 인품, 직업, 과거 정황을 트집 잡아 비판하는 오류인 '인신 공격의 오류'를 범한 것입니다. 또한 사기꾼의 말은 무조건 믿을 수 없다는 판단은 일부분을 전부라고 일반화하여 해석하는 '성급한 일반화의 오류'를 범한 것이기도 합니다.

⑥ **"내가 거짓말을 한 건 사실이야. 하지만 너도 거짓말을 했잖아. 세상에 한 번도 거짓말을 하지 않은 사람이 어디 있어?"**

남들이 거짓말을 했다고 해서 자신의 거짓말이 진실이 될 수는 없습니다. 이렇게 자신이 비판 받은 내용을 비판하는 사람에게도 동일하게 적용, 그 비판에서 벗어나려는 오류를 '피장파장(역공격)의 오류' 혹은 '두 개의 잘못이 하나의 옳음을 만드는 오류'라고 합니다.

⑦ **"넘어져도 아파서 울면 바보야. 남자는 울어서는 안 돼!"**

유치원으로 마중 나온 엄마가 반가와 뛰어오던 아이가 넘어지자 엄마가 말했습니다. 이 말을 들은 아이는 울 수 없었습니다. 왜냐하면 울면 바보가 되고 남자가 아닌 사람이 돼 버리기 때문입니다.

이처럼 반론의 가능성이 있는 요소를 원천적으로 비난하여 봉쇄하는 오류를 '원천 봉쇄의 오류(우물에 독 뿌리기)'라고 합니다.

❷ 자료적 오류

주장의 근거가 충분하지 못하거나 있어도 적절하지 못할 때 범하는 오류가 자료적 오류입니다. 자료적 오류에는 다음과 같은 예가 있습니다.

① **"될 성싶은 나무는 떡잎부터 알아본다고, 네 지금 행동을 보니 알 만하구나, 알 만해!"**

누구나 실수를 할 수 있습니다. 그런데 사람에게는 한 번 실수한 것을 가지고 언제나 그렇다고 말하는 경향이 있습니다. 이렇게 제한된 정보, 부적합한 증거, 대표성 없는 사례를 근거로 일반화하는 오류를 '성급한 일반화의 오류'라고 합니다.

② **"인간을 본따 만든 안드로이드(android) 로봇은 인간처럼 감정을 느낄 것이다. 왜냐하면 모습과 형태, 두뇌 구조가 인간과 같기 때문이다."**

로봇과 인간은 기계와 생명이라는 전혀 다른 성질을 갖고 있습니다. 그런데 비슷한 점이 있다는 이유를 들어 근거를 부당하게 적용함으로써 발생하는 오류를 '잘못된 유추의 오류'라고 합니다.

③ "귀신은 분명히 있어. 귀신이 없다고 증명한 사람이 이제까지 없었거든."

이렇게 증명할 수 없거나 알 수 없는 예를 들어 거짓이라고 추론하는 오류를 '무지에의 호소'라고 합니다.

④ "너희들 왜 먹을 것 갖고 싸우니? 빨리 방에 들어가서 공부나 해!"

어른들은 자주 이런 말을 합니다. 그런데 사실 '먹을 것 갖고 싸우는' 것과 '방에 들어가서 공부하는 것'과는 상관이 없습니다. 이렇게 논점과 관계없는 결론을 제시하여 문제를 해결하려고 하는 것을 '논점 일탈(무관한 결론)의 오류'라고 말합니다.

⑤ "물건을 빌렸으면 그 주인이 달라고 할 때 언제든지 돌려주어야 하는 것 아닌가? 그 친구가 화가 나서 그 칼로 자기를 배반한 사람을 죽이려는 건 알았지만 난들 어떻게 하겠나? 자기 칼을 돌려달라니 돌려줄 수밖에!"

빌린 물건은 주인에게 돌려주어야 한다는 원칙과 사람의 생명을 보호해야 한다는 원칙 중에서 더 중요한 것은 사람의 생명을 보호해야 한다는 것입니다. 그런데도 빌린 것이라 하여 그 주인이 그것으로 사람을 죽일 줄 알면서도 칼을 돌려주었다면, 그 사람은 원칙을 혼동한 것입니다. 이처럼 어떤 일반적인 사실이나 법칙 또는 규칙을 우연적인 상황, 즉 적용할 수 없는 예외적인 상황에 적용하는 경우에 범하게 되는 오류를 '원칙 혼동의 오류'라고 합니다.

⑥ **"물은 섭씨 100도에서 끓는다. 그러니 이 산꼭대기에서도 물은 그 온도에서 끓을 수밖에 없다."**

높은 산에 오른 등산객 중 한 사람이 위와 같이 말했습니다. 물론 물은 일반적으로 1기압인 곳에서는 섭씨 100도에 끓지만, 기압이 낮은 산 위에서는 섭씨 100도보다 낮은 온도에서도 끓습니다. 산악인들이 산에서 밥을 할 때 기압을 높이기 위해 밥솥 위에 돌멩이를 올려놓는 것은 이 때문입니다. 이렇게 일반적인 법칙을 예외적인 상황에 적용하는 오류를 '우연의 오류'라 합니다.

⑦ **"너는 폐암에 걸려 죽고 싶어 환장했니? 그렇게 줄담배를 피워 대다니."**

폐암에 걸려 죽으려고 담배를 피우는 사람은 없습니다. 이렇게 의도하지 않은 결과를 의도했다고 판단하여 생기는 오류를 '의도 확대의 오류'라고 합니다.

⑧ **까마귀 날자 배 떨어진다.**

까마귀가 배를 떨어뜨리지는 않았습니다. 그저 우연히 까마귀가 날아오를 때 때맞춰 배가 떨어졌을 뿐이지요. 이렇게 단순한 선후 관계를 인과 관계로 추리하는 오류를 '거짓 원인의 오류' 혹은 '잘 못된 인과 관계의 오류'라고 합니다.

⑨ **"내 머리에서 한 올의 머리카락을 뽑아도 대머리는 안 된다. 두 올 의 머리카락을 뽑아도 대머리는 안 된다. 따라서 내 머리 위에서 무수히 많은 머리카락을 뽑아도 나는 대머리가 안 된다."**

이것은 일명 '대머리의 오류' 혹은 '합성(合成)의 오류'라고도 합 니다. 이 오류는 부분일 때에만 참인 것을 그 부분을 결합한 전체 에 대해서도 참인 것으로 추리할 때 발생합니다.

⑩ **"물은 불을 끈다. 그리고 물은 수소와 산소로 이루어졌다. 따라서 수소와 산소도 불을 끈다."**

이것은 '분할(分割)의 오류'로 앞서 살펴본 합성의 오류와는 반대 의 것입니다. 즉, 분할의 오류는 전체일 때에만 참인 것을 그 구성 요소인 부분에 대해서도 참이라고 추리함으로써 발생합니다.

	합성의 오류	
부분	← ─────────── →	전체
	분할의 오류	

⑪ **"내 부탁을 거절하다니, 넌 나를 싫어하는구나!"**

부탁을 들어주지 않았다고 해서 그 사람을 싫어한다고 할 수는 없습니다. 사람의 감정은 여러 가지가 있음에도 불구하고 이 말을 하는 사람은 좋아하는 감정과 싫어하는 감정 두 가지만이 있을 뿐이라고 가정하고 있습니다. 이처럼 어떤 집합의 원소가 단 두 개밖에 없다고 여기고 추론하는 오류를 '흑백 논리의 오류'라고 합니다.

⑫ **"당신은 도둑질한 물건을 남대문 시장에 팔았지요?"**

이 질문은 '당신은 도둑질을 한 적이 있지요?'라는 질문에 '예'라는 대답을 한 것으로 전제하고, 그것에 '그 물건을 남대문 시장에 팔았지요?'라는 질문을 덧붙인 것입니다. 이 때문에 이 질문에는 '예'라고 대답하든 '아니오'라고 대답하든, 대답하는 사람은 어쨌거나 물건을 훔쳤다고 인정하는 셈이 됩니다. 이렇게 두 개 이상의 복합적 질문에 단순한 대답을 할 때 범하는 오류를 '복합 질문의 오류'라고 합니다.

⑬ **"우리의 첫 만남은 우연이었지. 그런데 어떻게 우리가 결혼하겠어? 우연히 만난 사람들끼리는 결혼하지 못해."**

누구나 맨 처음에는 우연히 만납니다. 그 만남이 쌓이면서 관계가 형성되는 것입니다. 그런데 처음 출발이 우연한 만남이었기에 지

금도 우연한 만남의 연속이라고 주장하는 것은 '발생학적 오류'를
범한 것입니다.

⑭ **"인간이 원숭이의 자손이라고요? 그렇다면 당신의 조상은 원숭이**
겠군요."

다윈은 인간이 원숭이의 자손이라고 이야기한 것이 아닙니다. 그
런데 사람들과 언론들은 그의 진화론이 그렇게 주장한 것처럼 말
을 꾸며 댔죠. 이렇게 상대방의 주장을 공격하기 쉬운 허수아비처
럼 만들어 공격하는 논증을 '허수아비 공격의 오류'라 합니다.

❸ 언어적 오류

언어는 사물을 표현하기 위해 만들어진 최고의 수단이며 상징입니다.
하지만 언어는 완전하지 못하고, 때로는 그 의미가 애매모호할 때도 있
습니다. 그러므로 언어를 잘못 사용하면 오류를 범하게 되는데, 그것을
언어적 오류라 합니다. 언어적 오류의 예들을 살펴보겠습니다.

① **모든 인간은 죄인이다. 죄인은 감옥에 가야 한다. 따라서 모든 인**
간은 감옥에 가야 한다.

첫 번째 문장에서의 죄인은 '종교적 죄인'을 말하고, 두 번째 문장
에서의 죄인은 '사회적 범죄를 저지른 죄인'입니다. 이처럼 둘 이

상의 의미를 가진 말을 애매하게 사용함으로써 생기는 오류를 '애매어의 오류'라고 합니다.

② **"그 친구, 정신병원에 보내야 하는 것 아냐? 요즘 세상에 뇌물을 마다하다니, 미치지 않고서야 어떻게 그럴 수 있어?"**

미친 사람은 제정신을 갖고 있지 않은 사람입니다. 그런데 이 주장에서는 뇌물을 거절한 사람을 미친 사람이라고 말하고 있습니다. 이렇게 용어의 의미를 자의적으로 재정의하여 사용함으로써 생기는 오류를 '은밀한 재정의의 오류'라고 합니다.

③ **네 이웃에게 거짓 증언을 하지 말라.**

이 말은 '이웃에게 거짓 증언을 하지 말라'와 '이웃 아닌 다른 사람에게는 거짓 증언을 해도 된다'는 두 가지로 해석이 가능합니다. 이처럼 어떤 문장의 의미가 두 가지 이상으로 해석되는 오류를 '애매문의 오류'라고 합니다. 또한 '이웃'과 '거짓 증언' 중 어느 것을 강조하느냐에 따라 다른 의미의 해석이 가능하므로 다음에 나오는 '강조의 오류'를 범했다고도 할 수 있습니다.

④ **"나는 오늘 공부시간에 졸지 않았어!"**

이것은 '어제까지는 공부시간에 졸았다'는 의미와 '오늘도 공부시간에 졸지 않았다'는 의미로 해석할 수 있습니다. 이처럼 문장의 어느 한 부분을 강조하느냐에 따라 의미의 해석이 달라지는 경우를 '강조의 오류'라고 합니다.

⑤ "운동장이랑 교실은 다 둘러봤는데, 그럼 학교는 어디에 있습니까?"

서로 다른 범주에 속하는 것을 같은 범주의 것으로 혼동하는 데서 생기는 오류를 '범주의 오류'라고 합니다. 범주는 집합이라고 이해하면 됩니다. 대형 할인매장에 가면 스낵류, 음료수류, 주류 등 품목별로 상품들이 구분되어 있는 것을 생각하면 이해하기 쉬울 것입니다.

⑥ "네 엄마는 참으로 손이 큰 사람이란다."

이 말은 엄마의 손이 정말 크다는 의미가 되기도 하고, 마음 씀씀이가 크다는 의미가 될 수 있습니다. '손이 크다'는 의미가 두 가지 이상의 의미로 사용되었기에 '애매의 오류'를 범했다고 할 수 있습니다. 또한 실제로 손이 크다면 그 정도가 한 손으로 럭비공을 잡을 수 있을 만큼 크다는 건지, 축구공을 잡을 수 있을 만큼 크다는 건지 알 수 없기 때문에 '모호의 오류'를 범했다고 할 수 있습니다. 따라서 이 말은 '애매모호의 오류'를 범했다고 할 수 있습니다.

2 문장에서 오류 찾기

    여러분과 함께 지금까지 공부한 오류들을 확인해 보겠습니다. 어떤 주장은 두 가지 이상의 오류를 동시에 범하기도 하고 한 가지 오류를 계속해서 반복하는 주장도 있을 수 있습니다. 어떤 주장이 나오면 여러분은 우선 ① 주장의 내용이 무엇인지, 그리고 ② 주장의 근거가 무엇인지 확인해야 합니다. 그리고 마지막으로 ③ 어떤 오류를 범하고 있는지를 찾아보아야 합니다.

> 그의 주장은 들을 필요가 없습니다. 그는 공산주의자 아닙니까? 공산주의 사상은 잘못된 것입니다. 우리는 경험에 의해서 공산주의 사상이 나쁘고, 민주주의 사상이 옳다는 것을 알고 있습니다. 그의 주장은 명백히 자유민주주의를 파괴하려는 주장이기 때문에 거부해야 한다고 봅니다. 결국 그는 공산주의 사상을 교묘히 위장하여, 이 땅에 공산주의 사상을 유포하고 공산주의자를 양성하려는 음모로 청년 학생들을 호도하는 것입니다. 만일 그의 주장을 우리가 채택하게 된다면 그것은 곧바로 사회 혼란을 일으키게 될 것이고, 결국 우리 사회는 공산주의 사회가 될 것입니다.

위의 예문에서 어떤 오류들이 발생했는지 알아보겠습니다.

① 발생학적 오류 : 그가 공산주의자이기 때문에 그의 주장 자체도 공산주의 사상이라고 판단했습니다.

② 정황에 호소하는 오류 : 공산주의자의 주장이라고 해서 들을 필요가 없다는 것은 잘못입니다. 그보다는 왜 그의 주장이 잘못되었는지 비판하는 것이 옳기 때문입니다.

③ 흑백 사고의 오류 : 공산주의 사상은 잘못된 것이고, 민주주의는 무조건 옳다고 판단했습니다.

④ 공포에 호소하는 오류 : '그의 주장을 채택하게 된다면 혼란이 일어날 것이고 우리 사회는 공산주의 사회가 될 것'이라고 말함으로써 많은 사람들을 공포와 증오에 떨게 만들고 있습니다.

⑤ 의도 확대의 오류 : 공산주의 사회를 받아들이거나 사회 혼란을 조성하려고 그 사람의 주장을 채택하는 것이 아닌데, 말하는 이는 그의 주장을 채택하면 그와 같은 결과를 가져올 것이라는 판단을 유도하고 있습니다.

⑥ 원천 봉쇄의 오류 : 말하는 이는 또한 그의 주장을 채택하게 되면 사회가 혼란스러워지고 공산주의 사회가 된다고 주장함으로써 사람들로 하여금 그 사람의 주장에 찬성하지 못하도록 하고 있습니다.

스스로 오류 익히기

❶ 다음은 어떤 오류를 범하고 있는지 보기에서 해당 번호를 골라 (   ) 안에 써

넣으세요.

> (1) 전건 부정의 오류 (2) 감정(공포, 증오, 유머, 아첨, 동정)에 호소하는 오류
> (3) 대중(군중)에 호소하는 오류 (4) 피장파장의 오류 (5) 정황·사적 관계에
> 호소하는 오류 (6) 복합 질문의 오류 (7) 순환 논증의 오류 (8) 원천 봉쇄의
> 오류(우물에 독 뿌리기) (9) 합성의 오류 (10) 잘못된 유추의 오류 (11) 우연의
> 오류 (12) 원칙 혼동의 오류 (13) 삼단논법의 오류 (14) 잘못된 인과 관계의 오
> 류 (15) 거짓 원인의 오류 (16) 애매모호의 오류 (17) 정의에 의한 존재 강요의
> 오류 (18) 흑백 사고의 오류 (19) 허수아비 공격의 오류 (20) 분할의 오류 (21) 후
> 건 긍정의 오류

① 남규가 재미있게 놀면 집 안이 어지럽다. 남규가 재미있게 놀지 않았다.

　따라서 집 안이 어지럽지 않다. (   )

힌트 집 안이 어지럽지 않은 건 누군가 청소를 했기 때문일 수도 있고, 남규가 재미있게 놀

고 집 안을 정리했기 때문일 수도 있습니다. 그런데 집 안이 깨끗하다고 남규가 재미있

게 놀지 않았다고 추리하는 것은 앞에 나온 조건을 부정하는 오류를 범한 것입니다.

② "대한민국 1퍼센트만을 위해서 태어났습니다." (   )

힌트 모 회사의 자동차 광고에 나온 이 문구의 주장은 '이 차를 사세요'라는 것입니다. 그런데 이 문구는 '당신은 대한민국에서 1퍼센트에 속하는 특별한 사람'이라고 가정함으로써 읽는 이에게 아첨을 했으며, '이 차를 사는 사람은 선택받은 1퍼센트'라고 하며 그 차를 사지 않는 나머지 99퍼센트의 사람과 구별을 지었습니다. 그리고 신문과 텔레비전이 이 차를 구매하도록 유도하고 있다는 것은 정황과 관련된 오류를 범했다고 할 수 있습니다.

③ "철수야! 너 정말 청소 안 할래? 너 자꾸 그러면 선생님이 무서운 벌 준다!" (   )

힌트 철수에게 청소에 필요성에 대한 설명을 하는 것이 아니라 화를 내면서 무서운 벌을 준다고 공포와 위협을 가하고 있습니다.

④ "가장 많이 팔리는 차가 가장 좋은 차입니다." (   )

힌트 차가 많이 팔리는 이유는 성능에 비해서 가격이 저렴하다든가 디자인이 멋있다든가 판매 조건이 좋다든가 등의 여러 가지 이유가 있습니다. 그런데 이 광고는 가장 많이 팔리는 차가 가장 좋은 차라고 이야기함으로써 대중(다수)에게 호소하고 있습니다. 또한 신문과 텔레비전 광고라는 정황은 이 차를 구매하도록 유도하고 있습니다.

⑤ "○○○의원은 우리나라에 핵미사일을 배치해서는 안 된다고 말합니다. 나는 그의 견해에 절대 반대합니다. 나는 도대체 그가 우리나라를 무방비 상태로 내버려두려는 이유를 이해할 수 없습니다." (   )

이 의원은 나라를 무방비 상태로 두자고 주장하지는 않았습니다. 그런데 논증하는 사람은 이 의원의 '우리나라에 핵미사일을 배치해서는 안 된다'는 주장을 '우리나라를 무방비 상태로 두자'는 공격하기 쉬운 주장으로 바꾸었습니다. 또한 이것은 듣는 사람에게 어떤 감정이 생기게 하고 있습니다.

⑥ 슈퍼마켓에서 나온 영순은 점원이 거스름돈을 더 주었다는 사실을 발견했다. 그녀는 속으로 중얼거리며 스스로를 이렇게 합리화하였다. '만일 내가 점원에게 돈을 더 주었더라면, 그 점원도 나에게 돌려주지 않았을 거야.'
(　　)

힌트 영순은 '점원 역시 나에게 돈을 돌려주지 않았을 것'이라고 단정하고 그것을 근거로 자신이 정직하지 못함을 합리화하고 있습니다. 그러나 설사 점원이 돈을 돌려주지 않는다고 하더라도 이 사실이 그녀 자신의 행동을 정당화시키지는 못합니다.

⑦ "은행원 봉급도 물가 상승에 따라 올라야 해. 김씨도 그렇게 주장하더라고. 왜냐하면 자기 아들이 은행원이거든." (　　)

힌트 이 주장을 한 사람은 왜 은행원의 봉급이 물가 상승에 따라 올라야 하는지 그 이유는 제시하지 않고, 단지 봉급을 올려야 한다는 사람의 특수한 환경을 근거로 이야기하고 있습니다.

⑧ "당신은 돈 훔치는 버릇을 이제 고쳤는가?" (　　)

힌트 이 질문에 '예'라고 대답했다면 돈을 훔친 적이 있다는 것을 인정하는 셈이고, '아니오'라고 했다면 돈을 훔치는 버릇을 아직도 가지고 있다는 뜻이 됩니다. 따라서 돈을 훔친

적이 없는 사람이더라도 이런 질문에 대해 '예'든 '아니오'든 대답을 한다면 잘못된 사실을 인정하게 되고 맙니다. 이럴 경우, 질문을 받은 사람은 이러한 오류에 빠지지 않기 위해서 의미를 명확히 구분해서 질문할 것을 질문자에게 요구해야 합니다.

⑨ 이백(이태백)은 소식(소동파)보다 훌륭한 시인이다. 왜냐하면 문학적 안목이 있는 사람들이 그렇게 말하기 때문이다. 그러면 문학적 안목이 있는 사람들은 누구인가? 이백을 소식보다 훌륭한 시인이라고 말하는 사람들이다. (   )

힌트 어떤 사람들이 문학적 안목이 있는 사람들인지를 객관적인 근거로 설명하지 않고 '이백이 소식보다 훌륭한 시인이라고 말하는 사람들 = 문학적 안목이 있는 사람들'이라 하였습니다. 즉, 형태는 다르지만 의미는 같은 말을 하고 있습니다.

⑩ 우리의 주장은 이처럼 애국적이며 양심에서 나온 것이므로 의심의 여지가 없다. 그러므로 이에 반대하거나 달리 생각하는 자들은 매국적이고 비양심적임에 틀림없다. (   )

힌트 이 논리에 따르면 말하는 이의 의견에 대해 반대하거나 생각을 달리하는 사람은 매국적이고 비양심적인 사람이 될 수밖에 없습니다. 이와 같은 논리는 상대방이 자신의 논리에 대해 전혀 반대할 수 없도록 만드는 오류를 범하고 있다고 할 수 있습니다.

⑪ 우리 학급은 전교에서 가장 성실한 학급으로 인정을 받아 선행상을 수상했다. 그런 우리 학급의 영희가 도둑질을 했을 리가 없다. (   )

힌트 전체의 특성인 선행상 수상을 학급 구성원의 일원인 영희 개인에게 적용하고 있습니다.

⑫ 전쟁 중에 의심스러운 자들의 전화를 도청함으로써 당국은 적국의 간첩을 일망타진하는 커다란 성과를 올렸다. 따라서 전쟁이 끝난 평상시에도 당국은 의심스러운 자들의 전화를 도청해야 한다. ( )

힌트 이 논증은 전쟁 중 전화 도청의 성과에 근거하여 평상시에도 의심스러운 자들의 전화를 도청해야 한다고 유추하고 있습니다. 그러나 전쟁 중의 상황과 평상시의 상황을 대비시켜 유추한다면, 이것은 올바른 유추라 할 수 없습니다. 또한 전쟁 중의 전화 도청은 아군의 승리와 피해를 줄이기 위한 일반적인 사실인데 그것을 평상시의 평화로운 상태에서도 적용해야 한다고 주장하고 있습니다.

⑬ 철수, 영희, 기영은 노래를 잘 부른다. 그러므로 그들이 속한 합창반은 화음이 뛰어난 우수한 합창반이다. ( )

힌트 합창단의 구성원인 철수, 영희, 기영이 노래를 잘한다고 해서 합창단 전체가 화음이 맞고 우수할 것이라는 결론을 내리고 있습니다.

⑭ 여자는 장수한다. 심약한 자는 여자다. 고로 심약한 자는 장수한다. ( )

힌트 삼단논법을 사용하고 있지만 소개념인 '심약한 자'가 ① '마음이 약한 것'을 말하는지 ② '육체적, 물리적인 힘이 약한 것'을 말하는지 애매합니다.

⑮ 사람은 원숭이로부터 진화해 왔다. 홍길동은 사람이다. 그러므로 홍길동은 원숭이다. ( )

힌트 전제 ①의 '사람'이란 개념은 사람 전체를 나타내는 집합 개념이고, 전제 ②의 '사람'은 홍길동 개인을 나타내는 개별 개념입니다. 따라서 이 논증은 '사람'이라는 말의 뜻을 잘못 사용했습니다. 다시 말하면 애매한 표현을 사용한 것입니다.

⑯ "탁월한 주부의 선택! 지금 전화 주세요." (　　)

힌트 '당신은 탁월한 주부입니다. 그러니까 이 물건을 사세요.'라고 듣는 사람에게 아첨하고 있습니다. 그리고 탁월한 주부가 되기 위해서는 무조건 그 물건을 사야만 한다고 주장하는 오류도 범하고 있습니다. 또한 이 문구에 의하면 그 물건을 사면 탁월한 주부이고 사지 않은 사람은 그렇지 않은 주부이지만, 세상의 모든 주부를 탁월한 주부와 탁월하지 않은 주부로 무 자르듯 나눌 수는 없습니다.

⑰ 강도가 은행에 들어와 "꼼짝 말고 손 들어!"라고 소리쳤습니다. (　　)

힌트 '꼼짝 말라'고 하면서 그와 동시에 '손을 들라'고 합니다. 그러나 이렇게 위협을 받는 경우 우리는 우선 손을 든 후 꼼짝하지 않습니다. 즉, 이 말에서는 일의 순서가 바뀌는 오류가 발생한 것입니다.

⑱ "엄마! 내 친구들은 핸드폰을 다 갖고 있어요. 저도 핸드폰 사 주세요. 그러면 공부도 열심히 할 것 같아요." (　　)

힌트 많은 친구들이 핸드폰을 가졌다고 해서 자신도 핸드폰을 가져야 한다고 주장하고 있습니다. 또한 주장의 이유 역시 참다운 것이라 할 수 없습니다.

⑲ 올해 대학 입시일은 날씨가 추울 것이다. 왜냐하면 작년 입시일도 추웠고 재작년 입시일도 추웠기 때문이다. (　　)

힌트 이것은 작년과 재작년의 입시일이 추웠다는 사실에 근거하여 올해도 추울 것이라고 유추하기 때문에 귀납적 유추라고 할 수 있는데, 작년과 재작년 두 번에만 근거하여 올해를 유추하는 것은 너무나 약한 유추입니다. 또한 작년과 재작년 두 번에 걸쳐 입시일의 날씨가 추웠기 때문에 올해도 추울 것이라고 성급하게 결론을 내리고 있습니다.

⑳ 거짓말은 죄악이다. 그러므로 환자의 낙심을 걱정하여 의사가 하는 거짓말도 죄악이다. (   )

힌트 환자의 낙심을 걱정하여 거짓말하는 의사의 '선의의 거짓말'을 일반적인 사태에까지 적용했습니다. 또한 '거짓말의 죄악'은 법률이나 도덕상의 죄악을 말하는 데 반하여, '의사의 거짓말'은 선의의 거짓말이므로 그 내포가 다릅니다.

㉑ 이 책은 매우 잘 팔릴 것이 틀림없다. 책 표지에 이 책이 '베스트셀러'라고 쓰여 있지 않은가? (   )

힌트 '베스트셀러'라고 쓰여 있다고 해서 그 책이 정말 베스트셀러가 되는 것은 아닙니다.

㉒ 만약 그 수험생이 천재성을 보유했다면, 그 수험생은 고시에 합격할 것이다. 그 수험생은 고시에 합격했다. 그러므로 그 수험생은 천재성을 소유했다. (   )

힌트 그 수험생이 고시에 합격했다고 해서 천재성을 보유했다고 할 수만은 없습니다. 고시에 합격한 이유로는 그 학생이 열심히 노력했다거나, 운이 좋았다거나, 기타 다른 여러 원인들이 있을 수 있기 때문입니다.

㉓ "넌 이제 반쯤 죽었다. 숙제를 안 하다니, 겁도 안 나니?" (   )

㉔ "네 아빠는 정말이지 큰 사람이란다." (   )

＊ 정답은 97쪽에 있습니다.

89쪽 문제 풀기

❶ ① (1) 전건 부정의 오류

② (2) 감정에 호소하는 오류, (5) 정황·사적 관계에 호소하는 오류,
   (18) 흑백 사고의 오류

③ (2) 감정에 호소하는 오류

④ (3) 대중(군중)에 호소하는 오류, (5) 정황·사적 관계에 호소하는 오류

⑤ (2) 감정에 호소하는 오류, (19) 허수아비 공격의 오류

⑥ (4) 피장파장의 오류

⑦ (5) 정황·사적 관계에 호소하는 오류

⑧ (6) 복합 질문의 오류

⑨ (7) 순환 논증의 오류

⑩ (8) 원천 봉쇄의 오류(우물에 독 뿌리기)

⑪ (20) 분할의 오류

⑫ (10) 잘못된 유추의 오류, (11) 우연의 오류, (12) 원칙 혼동의 오류

⑬ (9) 합성의 오류

⑭ (13) 삼단논법의 오류(소개념 애매의 오류)

⑮ (13) 삼단논법의 오류(매개념 애매의 오류)

⑯ (2) 감정에 호소하는 오류, (8) 원천 봉쇄의 오류, ⑱ 흑백 사고의 오류

⑰ ⑭ 잘못된 인과 관계의 오류

⑱ (3) 대중(군중)에 호소하는 오류, ⑮ 거짓 원인의 오류

⑲ ⑩ 잘못된 유추의 오류

⑳ ⑪ 우연의 오류, ⑯ 애매모호의 오류

㉑ ⑰ 정의에 의한 존재 강요의 오류

㉒ ㉑ 후건 긍정의 오류

㉓ ⑯ 애매모호의 오류

㉔ ⑯ 애매모호의 오류

생각의 힘을 키우면 논리가 보인다!

제5장

1 글에서 미루어 추리하기

유비(類比)란 '같은 종류의 것을 비교하는 것' 입니다. 그리고 '추리' 란 앞서 말했듯 '알려진 자료인 전제들로부터 알려지지 않은 새로운 결론을 이끌어 내는 사고 과정' 입니다. 유비추리는 줄여서 '유추' 라고도 합니다.

★ 2:4=6:x에서 x의 값을 알아내는 것은 2:4와 6:x의 형태가 같다는 전제가 있으므로 가능하다.

★ 이 세상의 모든 것은 그것을 있도록 해 준 부모와 같은 존재가 반드시 있다. 따라서 태초에 우주를 만든 창조자 조물주는 존재한다.

★ 제약 회사에서 신약을 개발할 때 제일 먼저 실험 대상으로 삼는 것은 흰쥐다. 이것은 흰쥐에 대한 반응이 사람에 대한 반응과 유사하다는 사실에서 비롯된다.

★ A는 a, b, c, d의 성질을 가진다. B도 a, b, c의 성질을 가진다. 따라서 B에서도 d의 성질(d와 비슷한 성질)이 발견될 것이다.

위의 언급한 내용은 모두 유비추리에 해당합니다. 우리나라 속담에도 유비추리를 통한 것들이 있습니다. '하나를 보면 열을 안다' 나 '될성부른 나무 떡잎부터 알아본다' 등이 그렇습니다. '하나' 와 '열', '나무' 와 '떡잎' 의 비교를 통해서 새로운 사실을 주장하고 있기 때문입니다. 간단한 문제와 이야기를 통해 이러한 유비추리를 좀 더 공부해 보도록 하겠습니다.

가_ 황제를 기쁘게 하라!

학문을 좋아한 청나라 건륭제는 책을 간행할 때 잘못된 글자를 찾아내면 어린아이처럼 좋아하고 즐거워했습니다.

황제의 이런 성격을 안 신하들은 ㉠ 틀린 글자를 눈에 잘 보일 만한 자리에 넣고 황제에게 그 책을 보였습니다. ㉡ 건륭제는 틀린 글자를 어

<u>김없이 쉽게 발견하여 고치고는 큰일을 한 것처럼 좋아하였답니다.</u>

① 신하들이 밑줄 친 ㉠처럼 한 이유가 무엇인지를 문장으로 쓰십시오.

② 밑줄 친 ㉡처럼 건륭제가 좋아한 이유는 무엇인지를 문장으로 쓰십시오.

③ 남을 칭찬하는 방법에 대해서 한 문장 이상으로 써 보십시오.

＊ 정답은 115쪽에 있습니다.

나_ 톱의 발명

고대 중국에 노반이라는 사람은 산에 나무를 하러 갔다가 아주 중요한 물건을 풀숲에 떨어뜨렸습니다. 그는 그 물건을 찾으러 풀숲을 헤치다가 손가락을 베었습니다. 이상하게 생각한 노반이 풀을 살펴보니, 그 풀의 양 가장자리는 톱니처럼 삐쭉삐쭉하게 튀어나와 있었습니다.

노반은 그 풀을 보고 '만약 쇠도 이 풀잎처럼 부드럽고 가늘게 하되,

가장자리를 톱니처럼 만들면 어떨까? 그렇다면 단단한 나무라도 편하고 정확하게 자를 수 있지 않을까?' 라고 생각했습니다. 그는 쇠를 가늘게 폈고, 톱날을 만들었습니다. 그리고 그의 가정(假定)처럼 부드러운 쇠는 거대한 나무를 자를 수 있었습니다.

다_ 유비추리 익히기

'경상도'와 '대한민국'의 관계는 '한국인'과 '인간', '인간'과 '동물'의 관계처럼 '부분과 전체'의 관계입니다. 다음의 문장을 살펴봅시다.

> **남자와 여자의 관계는 수컷과 암컷의 관계와 같습니다.**

위의 예에서 두 집합은 '남자/여자'와 '수컷/암컷'입니다. 한 집합 안에 있는 두 항목들 사이에는 특별한 관계가 있습니다. 또한 각 집합의 주제는 다를 수 있습니다(남자와 여자는 사람에 관한 단어이고, 수컷과 암컷은 동물에 관한 단어입니다). 그러나 한쪽 집합에 있는 두 항목들의 상호 관계는 다른 쪽 집합에 있는 두 항목들의 상호 관계와 같습니다.

자, 그럼 이제 유비추리가 어떻게 이루어지는지 자세히 살펴봅시다.

① 남자와 여자는 어떤 관계입니까?
　　㉠ 부분과 전체 관계　　㉡ 전체와 부분 관계　　㉢ 반대 관계

　　　　ⓔ 모순 관계　　　　　ⓜ 동일(동의) 관계　　　ⓗ 대소 관계

　② 수컷과 암컷은 어떤 관계입니까?
　　　　ⓖ 부분과 전체 관계　　ⓛ 전체와 부분 관계　　ⓒ 반대 관계
　　　　ⓔ 모순 관계　　　　　ⓜ 동일(동의) 관계　　　ⓗ 대소 관계

　이제 '대한민국과 경상도'를 한쪽 집합으로 하고, '인간과 한국인'을 다른 쪽 집합으로 하는 또 다른 유비추리를 해 봅시다.

　③ 대한민국과 경상도의 관계는 무엇입니까?
　　　　ⓖ 부분과 전체 관계　　ⓛ 전체와 부분 관계　　ⓒ 반대 관계
　　　　ⓔ 모순 관계　　　　　ⓜ 동일(동의) 관계　　　ⓗ 대소 관계

＊ 정답은 115쪽에 있습니다.

2 미루어 생각하면 논리력이 쑥쑥

　유비추리는 두 개의 사물 중 한쪽의 사물이 어떤 성질 또는 관계를 가질 경우에 다른 사물도 그와 같은 성질 또는 관계를 가질 것이라고 추리하는 것입니다.

　유비추리를 하기 위해서는 비교하는 방법을 쓰기도 합니다. 이때 비교하는 두 집합의 주제가 다르더라도 관계는 같아야 합니다. 먼저 첫 번째 집합의 관계를 살펴봅시다. 그리고 첫 번째 집합의 관계와 같아지려면 두 번째 집합에서 무엇을 골라 넣어야 비슷한 관계가 되는지 알아봅시다. 그리고 각 집합에서의 관계가 같은 관계인지 두 집합을 비교해 봅시다. 이때 두 집합에 있는 단어들은 순서가 같아야 합니다. 이를테면 첫 번째 집합에서의 관계가 '부분과 전체의 관계' 라면 두 번째 집합에서의 관계도 '부분과 전체의 관계' 여야 합니다. 만약 두 번째 집합이 '전체와 부분의 관계' 가 되면 이 유비추리는 잘못된 것입니다. 왜냐하면 '부분과 전체의 관계' 는 '전체와 부분의 관계' 와 다르기 때문입니다.

　또한 유비 추리에는 특별한 형식이 있습니다. 항상 'ㅇ와(과) ◇의 관계는 ●와(과) ◆의 관계' 라는 형식으로 써야 합니다.

앞에서 설명한 관계들 외에 '상호 의존적 관계'도 있습니다. 이 세상의 모든 것들은 서로 관계를 맺고 있습니다. 학생이 있기 때문에 교사가 의미가 있고, 부모가 있기에 자식의 소중함이 더욱 가치 있는 것입니다. '빵과 우유', '나와 너' 등의 개념은 이런 면에서 상호의존적 관계라 할 수 있습니다.

❶ 다음 문제를 풀어 보세요.

　　① '가깝다'와 '멀다'는 어떤 관계일까요?

　　　　㉠ 부분과 전체 관계　　㉡ 전체와 부분 관계　　㉢ 상호의존적 관계

　　　　㉣ 모순 관계　　㉤ 동일(동의) 관계　　㉥ 대소 관계　　㉦ 반대 관계

　　② '가지'와 '나무'의 관계는 어떤 관계일까요?

　　　　㉠ 부분과 전체 관계　　㉡ 전체와 부분 관계　　㉢ 상호의존적 관계

　　　　㉣ 모순 관계　　㉤ 동일(동의) 관계　　㉥ 대소 관계　　㉦ 반대 관계

　　③ '드물다'와 '흔하다'의 관계는 어떤 관계일까요?

　　　　㉠ 부분과 전체 관계　　㉡ 전체와 부분 관계　　㉢ 상호의존적 관계

　　　　㉣ 모순 관계　　㉤ 동일(동의) 관계　　㉥ 대소 관계　　㉦ 반대 관계

④ '대한민국' 과 '서울' 의 관계는 어떤 관계일까요?

　　㉠ 부분과 전체 관계　㉡ 전체와 부분 관계　㉢ 상호의존적 관계

　　㉣ 모순 관계　㉤ 동일(동의) 관계　㉥ 대소 관계　㉦ 반대 관계

⑤ '잘하다' 와 '못하다' 의 관계는 어떤 관계일까요?

　　㉠ 부분과 전체 관계　㉡ 전체와 부분 관계　㉢ 상호의존적 관계

　　㉣ 모순 관계　㉤ 동일(동의) 관계　㉥ 대소 관계　㉦ 반대 관계

❷ 다음의 유추 관계들이 성립하도록 보기에서 알맞은 단어들을 한 쌍 골라 순서에 맞게 _____ 안에 써 넣으십시오. 여러분이 집어넣은 두 단어들의 관계는 앞에 이미 나와 있는 단어들의 관계와 같아야 합니다.

> 높다　적음　사람　낮다　해　요리하다　달　음식　사회　많음

① '슬픔' 과 '기쁨' 의 관계는 _____ 와(과) _____ 의 관계
② '약함' 과 '강함' 의 관계는 _____ 와(과) _____ 의 관계
③ '어둠' 과 '빛' 의 관계는 _____ 와(과) _____ 의 관계
④ '빵' 과 '굽다' 의 관계는 _____ 와(과) _____ 의 관계
⑤ '배우' 와 '영화' 의 관계는 _____ 와(과) _____ 의 관계

❸ 보기에서 알맞은 두 단어를 선택해서 뒤의 관계가 앞의 관계와 같게 만들어 보십시오. 즉, 앞의 관계가 반대 관계이면 뒤의 관계도 반대 관계가 되어야 하고, 순서도 같아야 합니다. 하지만 답이 꼭 한 개만 있는 것은 아닙니다.

영등포구 여의도동 앞 뒤 남자 여자 총 총알

---

① '맛있다' 와 '맛없다' 의 관계는 '앞' 과 '뒤' 의 관계
② '아래' 와 '위' 의 관계는 _____의 관계
③ '활' 과 '화살' 의 관계는 _____의 관계
④ '제주도' 와 '서귀포' 의 관계는 _____의 관계
⑤ '남학생' 과 '여학생' 의 관계는 _____의 관계

❹ 아래의 형식을 이용해서 여러분의 친구들이 풀어 볼 수 있는 유비추리 문제를 만들어 보십시오. 문제를 시작하는 방식은 전과 마찬가지입니다. 처음의 세 빈 칸을 채우고(처음 집합과 그리고 두 번째 집합의 절반까지), 네 번째 빈 칸은 그대로 남겨 둡니다. 그 다음 줄의 번호가 매겨진 칸에 보기로 제시할 낱말을 써 넣으십시오. 그 가운데 하나가 정답이 되도록 해야 합니다.

① _____와(과) _____의 관계는 _____와(과) _____의 관계
   (㉠_____ ㉡_____ ㉢_____ ㉣_____)

② _____와(과) _____의 관계는 _____와(과) _____의 관계

(㉠_____ ㉡_____ ㉢_____ ㉣_____)

③ _____와(과) _____의 관계는 _____와(과) _____의 관계

(㉠_____ ㉡_____ ㉢_____ ㉣_____)

❺ 보기에서 알맞은 것을 골라 _____ 안에 써 넣으세요.

> ㉠ 부분과 전체 관계 ㉡ 전체와 부분 관계 ㉢ 반대 관계 ㉣ 모순 관계
>
> ㉤ 동일(동의) 관계 ㉥ 대소 관계 ㉦ 상호의존적 관계

① '잘한다' 와 '못한다' 의 관계는? _____

② '필기구' 와 '연필' 의 관계는? _____

③ '여자' 와 '남자' 의 관계는? _____

④ '가지' 와 '나무' 의 관계는? _____

⑤ '빵' 과 '우유' 의 관계는? _____

⑥ '꽃잎' 과 '꽃' 의 관계는? _____

⑦ '팬' 과 '가수' 의 관계는? _____

⑧ '땅' 과 '하늘' 의 관계는? _____

⑨ '나무' 와 '뿌리' 의 관계는? _____

⑩ '음악' 과 '클래식' 의 관계는? _____

⑪ '대한민국' 과 '서울' 의 관계는? _____

⑫ '길다' 와 '짧다' 의 관계는? _____

⑬ '쌀' 과 '밥' 의 관계는? _____

⑭ '비교' 와 '대조' 의 관계는? _____

⑮ '흑' 과 '백' 의 관계는? _____

❻ 보기에서 알맞은 단어를 골라 _____ 안에 써 넣으세요.

> 식물(꽃) 급훈 노동자 눈 동물 미국 미술 발
>
> 범죄자 사람 송아지 연기 차 춥다 항구 하키

① '가정' 과 '가훈' 의 관계는 '교실' 과 _____의 관계입니다.

② '날개' 와 '새' 의 관계는 '팔다리' 와 _____의 관계입니다.

③ '한국어' 와 '한국' 의 관계는 '영어' 와 _____의 관계입니다.

④ '부모' 와 '자식' 의 관계는 '소' 와 _____의 관계입니다.

⑤ '손톱' 과 '손' 의 관계는 '발톱' 과 _____의 관계입니다.

⑥ '농사' 와 '농부' 의 관계는 '일' 과 _____의 관계입니다.

⑦ '하마' 와 '동물' 의 관계는 '장미' 와 _____의 관계입니다.

⑧ '여름' 과 '덥다' 의 관계는 '겨울' 과 _____의 관계입니다.

⑨ '노래' 와 '가수' 의 관계는 _____와 '연기자' 의 관계입니다.

⑩ '물' 과 '기름' 의 관계는 _____와 '경찰' 의 관계입니다.

⑪ '교과서' 와 '책' 의 관계는 _____과 '예술' 의 관계입니다.

⑫ '카메라' 와 '조리개' 의 관계는 _____과 '눈꺼풀' 의 관계입니다.

⑬ '운동'과 '농구'의 관계는 _____과 '개'의 관계입니다.

⑭ '공항'과 '비행기'의 관계는 _____와 '배'의 관계입니다.

⑮ '야구'와 '배트'의 관계는 _____와 '하키스틱'의 관계입니다.

⑯ '사람'과 '인도'의 관계는 _____와 '차도'의 관계입니다.

❼ 맞는 단어를 찾아 _____ 안에 써 넣으세요.

① '과일'과 '사과'의 관계는 '어류'와 _____의 관계

㉠ 말 ㉡ 낙타 ㉢ 상어 ㉣ 한라산

② '엄마'와 '아빠'의 관계는 '언니'와 _____의 관계

㉠ 소년 ㉡ 남자 ㉢ 아이 ㉣ 오빠

③ '금붕어'와 '물'의 관계는 '까치'와 _____의 관계

㉠ 공기 ㉡ 깃털 ㉢ 바다 ㉣ 날개

④ '슬픔'과 '기쁨'의 관계는 _____과 '수출'의 관계

㉠ 수입 ㉡ 하늘 ㉢ 바람 ㉣ 무역량

⑤ '배우'와 '영화'의 관계는 '인간'과 _____의 관계

㉠ 교회 ㉡ 사회 ㉢ 바다 ㉣ 육지

⑥ '날다'와 '걷다'의 관계는 '하늘'과 _____의 관계

㉠ 바람 ㉡ 구름 ㉢ 천둥 ㉣ 땅

⑦ '육식동물'과 '먹이'의 관계는 '매'와 _____의 관계

㉠ 파리 ㉡ 호랑이 ㉢ 산토끼 ㉣ 고등어

⑧ '배'와 '바다'의 관계는 '비행기'와 _____의 관계

㉠ 파도 ㉡ 하늘 ㉢ 비행 ㉣ 구름

⑨ '집' 과 '지붕' 의 관계는 '사람' 과 ＿＿＿＿의 관계

　　ㄱ 꼭대기　ㄴ 발　ㄷ 머리카락　ㄹ 목

⑩ '드물다' 와 '흔하다' 의 관계는 '별로 없다' 와 ＿＿＿＿의 관계

　　ㄱ 약간 있다　ㄴ 많이 있다　ㄷ 거의 없다　ㄹ 더 많다

⑪ '기차' 와 '철로' 의 관계는 '자동차' 와 ＿＿＿＿의 관계

　　ㄱ 건널목　ㄴ 차도　ㄷ 보도　ㄹ 신호등

⑫ '낙타' 와 '동물' 의 관계는 '사과' 와 ＿＿＿＿의 관계

　　ㄱ 귤　ㄴ 과일　ㄷ 맛있다　ㄹ 빨갛다

⑬ '강자' 와 '약자' 의 관계는 '대장' 과 ＿＿＿＿의 관계

　　ㄱ 펜　ㄴ 경찰　ㄷ 모범생　ㄹ 부하

⑭ '돛' 과 '배' 의 관계는 '엔진' 과 ＿＿＿＿의 관계

　　ㄱ 배터리　ㄴ 움직이다　ㄷ 차　ㄹ 운전하다

⑮ '아빠' 와 '엄마' 의 관계는 ＿＿＿＿과 '아내' 의 관계

　　ㄱ 남편　ㄴ 할아버지　ㄷ 아주머니　ㄹ 아저씨

⑯ '더하기' 와 '빼기' 의 관계는 ＿＿＿＿와 '나누기' 의 관계

　　ㄱ 곱하기　ㄴ 나누기　ㄷ 더하기　ㄹ 빼기

⑰ '보청기' 와 '귀' 의 관계는 ＿＿＿＿과 '눈' 의 관계

　　ㄱ 스크린　ㄴ 텔레비전　ㄷ 안경　ㄹ 디스크

⑱ '쓰레기통' 과 '쓰레기' 의 관계는 '우체통' 과 ＿＿＿＿의 관계

　　ㄱ 우체국　ㄴ 우체부　ㄷ 편지　ㄹ 우표

⑲ '가방' 과 '책' 의 관계는 '지갑' 과 ＿＿＿＿의 관계

　　ㄱ 책꽂이　ㄴ 옷　ㄷ 도시락　ㄹ 돈

⑳ '선생님'과 '학교'의 관계는 '목사'와 _____의 관계

  ㉠ 하느님 ㉡ 교회 ㉢ 성경 ㉣ 신도

㉑ '불'과 '화재'의 관계는 '물'과 _____의 관계

  ㉠ 지진 ㉡ 지구 ㉢ 홍수 ㉣ 용암

㉒ '불행하다'와 '슬프다'의 관계는 '행복하다'와 _____의 관계

  ㉠ 기쁘다 ㉡ 울다 ㉢ 화나다 ㉣ 분노하다

㉓ '사람'과 '옷'의 관계는 '나무'와 _____의 관계

  ㉠ 열매 ㉡ 잎 ㉢ 뿌리 ㉣ 나이테

㉔ '로미오'와 '줄리엣'의 관계는 _____와 '직녀'의 관계

  ㉠ 견우 ㉡ 심청이 ㉢ 흥부 ㉣ 놀부

㉕ '고양이'와 '쥐'의 관계는 _____과 '도둑'의 관계

  ㉠ 경찰관 ㉡ 톰 ㉢ 박쥐 ㉣ 환경미화원

㉖ '스케이트'와 '아이스링크'의 관계는 '마우스'와 _____의 관계

  ㉠ 모니터 ㉡ 스피커 ㉢ 본체 ㉣ 마우스패드

㉗ '망아지'와 '말'의 관계는 '송아지'와 _____의 관계

  ㉠ 개 ㉡ 소 ㉢ 양 ㉣ 닭

㉘ '강아지'와 '개'의 관계는 _____과 '닭'의 관계

  ㉠ 병아리 ㉡ 계란 ㉢ 알 ㉣ 새끼

㉙ '낚시'와 '붕어'의 관계는 '새총'과 _____의 관계

  ㉠ 닭 ㉡ 노루 ㉢ 새 ㉣ 사냥꾼

㉚ '담'과 '벽돌'의 관계는 '골격'과 _____의 관계

  ㉠ 두개골 ㉡ 다리 ㉢ 뼈 ㉣ 살

㉛ '그림' 과 '화가' 의 관계는 '노래' 와 _____의 관계

　　㉠ 피아노　㉡ 전축　㉢ 악보　㉣ 작곡가

㉜ '선수' 와 '감독' 의 관계는 '학생' 과 _____의 관계

　　㉠ 친구　㉡ 심판　㉢ 반장　㉣ 교사

㉝ '올챙이' 와 '개구리' 의 관계는 '애벌레' 와 _____의 관계

　　㉠ 알　㉡ 나비　㉢ 달걀　㉣ 살갗

㉞ '샤프' 와 '샤프심' 의 관계는 _____과 '연필심' 의 관계

　　㉠ 볼펜　㉡ 맥주　㉢ 연필　㉣ 지우개

㉟ '음료수' 와 '사이다' 의 관계는 '술' 과 _____의 관계

　　㉠ 콜라　㉡ 소주　㉢ 음료수　㉣ 식혜

㊱ '손' 과 '장갑' 의 관계는 '머리' 와 _____의 관계

　　㉠ 발　㉡ 얼굴　㉢ 모자　㉣ 이마

㊲ '피' 와 '혈관' 의 관계는 '물' 과 _____의 관계

　　㉠ 연못　㉡ 파이프　㉢ 저수지　㉣ 양수기

㊳ '돼지' 와 '우리' 의 관계는 '말' 과 _____의 관계

　　㉠ 마굿간　㉡ 꼴　㉢ 안장　㉣ 말굽

㊴ '찬장' 과 '접시' 의 관계는 '집' 과 _____의 관계

　　㉠ 지붕　㉡ 창　㉢ 문　㉣ 사람

㊵ '열쇠' 와 '자물쇠' 의 관계는 '입장권' 과 _____의 관계

　　㉠ 개찰구　㉡ 오리　㉢ 새　㉣ 금붕어

㊶ '눈' 과 '보다' 의 관계는 '코' 와 _____의 관계

　　㉠ 마주보다　㉡ 재채기하다　㉢ 냄새 맡다　㉣ 맛보다

㉒ '시간'과 '시계'의 관계는 '거리'와 _____의 관계

㉠ 고도계 ㉡ 주행기록계 ㉢ 온도계 ㉣ 기압계

㊸ '자동차'와 '기름'의 관계는 '사람'과 _____의 관계

㉠ 식사 ㉡ 소화 ㉢ 햇빛 ㉣ 연료

㊹ '컴퓨터'와 'CPU'의 관계는 '자동차'와 _____의 관계

㉠ 타이어 ㉡ 드렁크 ㉢ 엔진 ㉣ 키

㊺ 'MP3'와 '이어폰'의 관계는 '사람'과 _____의 관계

㉠ 눈 ㉡ 코 ㉢ 입 ㉣ 귀

㊻ '카메라'와 '렌즈'의 관계는 '사람'과 _____의 관계

㉠ 눈 ㉡ 코 ㉢ 입 ㉣ 귀

㊼ '칠판'과 '분필'의 관계는 '공책'과 _____의 관계

㉠ 지우개 ㉡ 샤프 ㉢ 파이프 ㉣ 자

㊽ '설날'과 '떡국'의 관계는 '추석'과 _____의 관계

㉠ 강강술래 ㉡ 송편 ㉢ 케이크 ㉣ 성묘

＊ 정답은 116쪽에 있습니다.

101쪽 글에서 미루어 추리하기

① 황제가 잘 찾을 수 있도록 하여 틀린 글자를 찾은 황제가 자신의 뛰어남을 자랑하며 기뻐하게 하기 위해서입니다.

② 자신의 지적 능력이 뛰어남을 나타낸다고 생각하였기 때문입니다.

③ 그 사람이 잘할 수 있는 점과 잘하는 점을 칭찬해 줍니다.

102쪽

①, ② 정답은 모두 '모순 관계'입니다. 이들은 서로 같은 '모순 관계'이므로 '남자와 여자의 관계는 수컷과 암컷의 관계와 같다'라고 할 수 있습니다. 이제 우리는 하나의 유비추리를 해 냈습니다.

물론 과학이 발전하면서 자연계에서는 자웅동체, 그리고 수컷과 암컷의 생식기를 모두 갖고 있는 동물이 발견되기도 하였고, 돌연변이로 인해 남성의 생식기와 여성의 생식기를 갖고 있는 사람이 있다는 것도 밝혀졌습니다. 하지만 논리학적으로 남자와 여자, 수컷과 암컷은 모순 관계입니다.

③ 모두 전체와 부분의 관계입니다. 즉, '대한민국과 경상도'의 관계는 '인간과 한국인'의 관계처럼 전체와 부분의 관계입니다. 이처럼 첫 번째 집합에서의 관계와 두 번째 집합에서의 관계가 같은 관계일 때 이것을 '유비추

리 관계'라고 합니다.

105쪽 문제 풀기

❶ ①Ⓢ   ②ㄱ   ③Ⓢ   ④ㄴ   ⑤Ⓢ

❷ ① 높다-낮다   ② 적음-많음   ③ 달-해
   ④ 음식-요리하다   ⑤ 사람-사회

❸ ② '앞'과 '뒤' 혹은 '남자'와 '여자'   ③ '총'과 '총알'
   ④ '영등포구'와 '여의도동'   ⑤ '앞'과 '뒤' 혹은 '남자'와 '여자'

❹번 문제는 답이 없습니다. 자유롭게 써 보세요.

❺ ①ㄷ   ②ㄴ   ③ㄹ, Ⓢ   ④ㄱ   ⑤Ⓢ   ⑥ㄱ, ㅂ   ⑦Ⓢ
   ⑧ㄷ, Ⓢ   ⑨ㄴ   ⑩ㄴ   ⑪ㄴ   ⑫ㄷ   ⑬ㅁ   ⑭ㅁ   ⑮ㄷ

❻ ①급훈   ②사람   ③미국   ④송아지   ⑤발   ⑥노동자   ⑦식
   물(꽃)   ⑧춥다   ⑨연기   ⑩범죄자   ⑪미술   ⑫눈   ⑬동물
   ⑭항구   ⑮하키   ⑯차

❼ ①ㄷ 상어   ②ㄹ 오빠   ③ㄱ 공기   ④ㄱ 수입   ⑤ㄴ 사회
   ⑥ㄹ 땅   ⑦ㄷ 산토끼   ⑧ㄴ 하늘   ⑨ㄷ 머리카락   ⑩ㄴ 많이

있다　⑪ⓝ 차도　⑫ⓝ 과일　⑬ⓡ 부하　⑭ⓒ 차　⑮ⓖ 남편　⑯ⓖ 곱하기　⑰ⓒ 안경　⑱ⓒ 편지　⑲ⓡ 돈　⑳ⓝ 교회　㉑ⓒ 홍수　㉒ⓖ 기쁘다　㉓ⓝ 잎　㉔ⓖ 견우　㉕ⓖ 경찰관　㉖ⓡ 마우스패드　㉗ⓝ 소　㉘ⓖ 병아리　㉙ⓒ 새　㉚ⓒ 뼈　㉛ⓡ 작곡가　㉜ⓡ 교사　㉝ⓝ 나비　㉞ⓒ 연필　㉟ⓝ 소주　㊱ⓒ 모자　㊲ⓝ 파이프　㊳ⓖ 마굿간　㊴ⓡ 사람　㊵ⓖ 개찰구　㊶ⓒ 냄새 맡다　㊷ⓝ 주행기록계　㊸ⓖ 식사　㊹ⓒ 엔진　㊺ⓡ 귀　㊻ⓖ 눈　㊼ⓝ 샤프　㊽ⓝ 송편

생각을 정리해야 논리가 잡힌다!

제6장

1 논리적 구성을 위한 행렬 논리

어떤 일을 새롭게 시작할 때 우리는 주변 정리를 하고, 또 무엇을 먼저 하고 나중에 할 것인지 등의 순서와 생각도 정리합니다. 무엇이든지 정리해야만 쉽게 찾을 수 있고, 진행하기도 쉬워지기 때문입니다.

이 장에서는 생각을 정리하는 방법인 행렬 논리와 짝짓기 논리를 살펴볼 것입니다. 먼저 여러 가지 주어진 실마리와 자료를 효율적으로 정리하는 행렬 논리를 배워 봅시다. 차례차례 정리하면서 생각하는 훈련이 될 수 있을 것입니다.

행렬 논리란 주어진 정보를 가로줄과 세로줄로 나누어 정리하는 논리를 말하는데, 가로줄을 행(行), 세로줄을 열(列)이라 합니다. 이러한 행렬 논리의 문제들을 풀려면 먼저 여러 가지 실마리들로부터 정보를 모아야 합니다.

　　아래의 설명을 읽고 재영, 남규, 미정이가 좋아하는 음식을 맞춰 보십시오. 세상에는 아이스크림, 치킨, 피자의 세 가지 음식만 있으며, 이들은 모두 한 가지의 음식을 좋아하고, 같은 것을 좋아하는 아이는 없다고 가정하겠습니다.

　　★ 재영이는 아이스크림을 싫어합니다.
　　★ 남규는 치킨을 맛있게 먹고 있습니다.
　　★ 미정이는 피자를 싫어합니다.

　　각자 한 가지의 음식을 좋아한다고 했으므로 남규는 피자와 아이스크림을 좋아하지 않는다는 것을 알 수 있습니다. 또한 남규는 치킨을 좋아하는데, 어느 누구도 똑같은 것을 좋아하지 않는다고 했으므로 재영이는 치킨도 좋아하지 않는다는 것을 알 수 있습니다.

　　그런데 재영이는 아이스크림을 싫어한다고 했고, 남규는 치킨을 먹고 있다고 했으므로 재영이는 피자를 좋아할 것입니다. 또 재영이는 피자를 좋아하고 남규가 치킨을 좋아하므로, 미정이가 좋아할 수 있는 음식은 아이스크림밖에 없다는 결론을 내릴 수 있습니다.

이런 종류의 문제를 잘 풀기 위해서는 정보를 알아보기 좋게 한데 모아서 '행렬표'라고 부르는 표 위에 기록하는 것이 좋습니다. 아래와 같은 행렬 표에 가로줄 왼쪽의 세 칸에는 아이들의 이름을, 세로줄 위쪽의 세 칸에는 음식의 이름을 써 봅시다.

	아이스크림	치 킨	피 자
재영			
남규			
미정			

이제 이 행렬을 이용해서 여러분이 각각의 실마리들로부터 얻은 정보를 기록해 봅시다.

① 재영이는 아이스크림을 싫어합니다.

　(재영이와 아이스크림에 해당하는 곳이 겹치는 부분에 ×표를 합니다.)

② 남규는 치킨을 맛있게 먹고 있습니다.

　(남규와 치킨에 해당하는 곳이 겹치는 부분에 ○표를 합니다. 그리고 남규는 오직 한 가지 음식만을 좋아하므로 남규의 이름 옆에 비어 있는 나

머지 두 칸에 ×표를 합니다. 그리고 재영이와 치킨, 미정이와 치킨이 겹치는 곳에도 ×표를 합니다. 왜냐하면 각자 서로 다른 한 가지씩의 음식만을 좋아한다고 했으므로 '남규가 치킨을 좋아한다' 는 말은 곧 '재영이와 미정이는 치킨을 싫어한다' 는 뜻이기 때문입니다.)

③ 미정이는 피자를 싫어합니다.

(미정이와 피자가 겹치는 곳에 ×표를 합니다. 이제 재영이의 이름 옆에 남아 있는 빈 칸은 피자와 겹치는 부분 하나뿐임을 알 수 있을 것입니다. 그리고 미정이의 이름 옆에 남아 있는 빈 칸도 아이스크림과 겹치는 부분뿐입니다. 그곳에 ○표를 합니다.)

여기 여러분이 완성시킨 행렬의 모습이 있습니다.

	아이스크림	치 킨	피 자
재영	×	×	○
남규	×	○	×
미정	○	×	×

모든 행렬 논리 문제들은 이러한 표로 만들 수 있습니다. 물론 보다 복잡한 문제는 더 많은 칸을 그려서 풀어야 합니다.

행렬 논리 익히기

❶ 먼저 실마리들을 다 읽고 행렬에 이름과 범주(집합)를 씁니다.

❷ 확정적으로 '그렇다' 또는 '아니다' 라는 대답을 주는 실마리들을 모두 찾아냅니다. 위의 문제를 예로 들면 '남규가 치킨을 먹는다' 또는 '재영이는 아이스크림을 싫어한다' 와 같은 것들이 실마리에 해당합니다. 해당되는 칸에 ×표나 ○표를 합니다. 어떤 칸에 ○표가 되어 있으면, 그 칸 상하좌우의 같은 줄에 있는 나머지 모든 칸에는 ×표를 할 수 있습니다.

❸ 정보를 주기는 하지만 칸에 표시하기에는 아직 부족한 실마리들을 골라냅니다. 이런 실마리들은 여러분이 모든 실마리들을 다시 하나하나 살펴보게 될 때마다 함께 이용할 수 있도록 행렬 위쪽에 따로 적어 둡니다.

❹ 각각의 실마리들을 다시 찬찬히 살펴 가되, 실마리들을 따로따로 떼어서 생각하지 말고 다른 실마리들과 관계를 지어 봅니다. 칸에 ×표나 ○표를 하기에 충분한 정보를 줄 수 있는 두 개 이상의 실마리 묶음을 찾아냅니다.

❺ 필요할 때는 두 번, 세 번 반복해서 읽으면서 실마리들을 관계 지어 정리해야 합니다.

2 창조적 구성을 위한 짝짓기 논리

　짝짓기 논리는 실마리를 이용하여 관계를 맞추는 것으로, 문제를 풀기 위해서는 관련된 실마리들을 종합적으로 생각해야 합니다. 다시 말해 행렬 논리 문제를 풀 때와 마찬가지로 주어진 자료를 읽고 또 읽음으로써 관련된 실마리들의 관계를 파악해야 하는 것입니다.

　실마리를 읽은 후 네모나거나 둥그런 탁자를 둘러싸고 누가 어느 자리에 앉아 있는지를 맞추는 것이 대표적인 짝짓기 논리 문제입니다. 주어진 탁자가 아래와 같이 네모 모양이라고 합시다.

　사방의 각 칸들은 탁자 주위에 앉은 사람들의 성과 이름을 쓸 자리입니다. 성은 윗칸에, 이름은 아랫칸에 씁니다.

다음의 실마리를 읽고 누가 어디에 앉아 있는지 생각해 보십시오. 짝꿍들은 항상 서로 마주보고 있습니다. 그리고 사람들은 탁자를 향해 앉아 있습니다. 이것은 누가 누구의 왼쪽 혹은 오른쪽에 앉아 있는지를 판단하는 기준이 됩니다.

가_ 카드놀이

남자 두 명과 여자 두 명이 카드놀이를 합니다.

① 놀이가 끝난 후 이 양은 다시는 종원과 짝이 되지 않겠다고 합니다.

따라서 이 양과 종원은 _____으로서, 서로 _____ 앉아 있음을 알 수 있습니다.

★ 그러면 위쪽 빈 칸에는 '이', 그 맞은편의 아래쪽 빈 칸에 '종원'이라고 각각 이름을 채워 넣을 수 있습니다.

② 진희는 동희를 별로 좋아하지 않지만 천수와 짝을 이루어서 아주 멋진 시간을 보냈습니다.

이 실마리에서 두 여자의 이름이 _____와 _____임을 알 수 있습니다. 또 진희와 천수가 _____이며 서로 _____ 앉아 있음도 알 수 있습니다. 그리고 이 양의 짝꿍이 종원이고 진희의 짝꿍은 천수이므로 이 양의 이름이 진희가 아니라는 것도 알 수 있

습니다. 카드놀이에 여자는 둘뿐이었기 때문에, 이 양의 이름은
_____여야 합니다.

★ '이' 라고 쓴 줄의 아래에 '동희' 를 써 줍니다.

③ 천수는 동희의 오른편에 앉아 있습니다.

천수가 앉은 자리를 알았으니 동희의 오른편에 있는 두 빈 칸 중
아래쪽에 천수라고 써 줍니다. 천수와 진희가 짝꿍이므로 이 두 사
람은 서로 _____ 앉아 있습니다.

★ 이제 남은 자리는 하나뿐이므로 그 자리에 '진희' 라고 써 넣습니다.

④ 최 군은 박 양 옆에 앉아 있습니다.

이 양의 이름이 _____임을 알았으므로 진희의 성은 _____
씨여야 합니다. 또 남자들 가운데 한 명의 성이 _____씨임을
알 수 있습니다.

★ 이제는 '진희' 라고 쓴 칸의 위에 있는 빈 칸에 진희의 성을 적으
세요.

⑤ 종원이와 천수는 형제입니다.

종원이와 천수가 형제이고 남자들 가운데 한 명의 성이 최 씨이므로, 또 다른 한 명의 성도 역시 _____씨여야 합니다.

이제 빈 칸들은 다 채워졌고, 그러므로 _____의 순서로 사람들이 앉아 있음을 알 수 있을 것입니다. (앉은 위치는 관계없이 앉은 순서가 같으면 됩니다.)

＊ 정답은 135쪽에 있습니다.

짝짓기 논리 익히기

❶ 짝짓기 논리 문제에서 짝꿍들은 항상 '마주보고 있는 사람'을 말합니다.

❷ 사람들은 언제나 탁자 쪽을 향해 앉아 있습니다. 이것은 여러분이 누가 누구의 오른쪽이나 왼쪽에 앉아 있다고 할 때 판단의 기준이 됩니다.

❸ 사람들의 성과 이름을 각각 위/아랫칸 혹은 아래/윗칸에 나누어 적습니다. 어떻게 적든 운영 원칙은 여러분이 스스로 정하면 되지만 일단 정해진 원칙은 변동 없이 그대로 지켜져야 합니다.

❹ 확실한 사실들만 씁니다. 절대로 어림짐작으로 써서는 안 됩니다.

❺ 때로는 어떤 실마리는 일단 건너뛰고 다른 실마리부터 먼저 살펴

본 다음에 다시 되돌아와서 생각해야 할 수도 있습니다.

❻ 길잡이란의 그림과 여러분이 만든 답의 그림이 약간 달라 보일 수도 있습니다. 하지만 신경 쓸 필요는 없습니다. 각자의 짝꿍이 누구이며 누구의 좌우에 누가 앉아 있는지만 정확히 맞으면 되기 때문입니다.

스스로 행렬 논리 연습하기

다음 글들을 읽고 행렬을 완성시키세요.

❶ 포켓몬스터의 집

옛날 어느 곳에 포켓몬스터들이 사이좋게 함께 살았습니다. 그곳에 사는 피카츄, 칠색조, 이상해꽃, 라플라스, 루기아 등 다섯 명의 포켓몬스터는 각각 하나의 특기를 갖고 있었습니다. 그리고 이들은 태초마을, 풀밭, 호수, 방울탑, 은빛 산에 살았다고 합니다. 주어진 실마리를 이용하여 누가 어떤 특기를 갖고 어디에서 살았는지 맞추어 보세요.

① 태초마을에 사는 피카츄는 초능력 공격이나 얼음 공격을 싫어합니다.
② 칠색조는 자기의 불꽃 화염 공격이 최고로 강하다고 착각하고 있습니다.
③ 이상해꽃은 풀밭에서 살고, 얼음 공격을 잘하는 포켓몬스터는 그 옆 호수에서 살고 있습니다.
④ 방울탑에 사는 포켓몬스터는 피카츄와 루기아에게 불꽃 화염 공격을 자랑합니다.
⑤ 초능력 공격을 갖고 있는 루기아는 넝쿨채찍 공격을 갖고 있는 이상해꽃을 좋아합니다.
⑥ 피카츄는 전기공격으로 위기탈출을 잘 합니다.

	특 기	사는 곳
피카츄		
칠색조		
이상해꽃		
라플라스		
루기아		

❷ 자동차 경주

해마다 한국의 창원에서는 자동차 경주가 열립니다. 올해는 해창, 남규, 종연, 용한 등 네 명의 선수가 결승에 올랐습니다. 그들은 아주 친한 친구 사이지만 자동차 경주에서만큼은 냉정하게 실력을 겨룹니다. 그들이 모는 차의 색깔은 각각 파란색, 초록색, 빨간색, 노란색입니다.

이제 다음 글에서 실마리를 찾아 선수들의 별명과 자동차 색깔, 성적을 맞춰 봅시다.

해창이의 별명은 번개가 아닙니다. 해창이는 파란색 혹은 초록색 자동차를 몰았습니다. 해창이는 3등을 했습니다. 그래도 종연이를 제쳤답니다. 늑대가 파란색 자동차를 탄 남규 다음으로 바로 골인했습니다. 노란색 자동차는 다람쥐가 몰았는데, 1등으로 들어오지는 못했습니다. 용한이의 차가 처음부터 끝까지 바람돌이의 파란색 자동차를 앞서갔습니다.

이름	별명	자동차 색깔	순위

❸ 영화광

서울에는 많은 극장들이 있는데, 그중에서도 중앙극장, 애관극장, 인형극장, 미림극장, 문화극장 등 다섯 개의 극장이 특히 유명합니다. 이 극장들은 각각 코미디 영화, 공포 영화, 만화 영화, 서부 영화, 무협 영화 중 한 가지의 영화만을 1년 내내 상영합니다.

태성, 종선, 준원, 재영, 남규라는 다섯 명의 괴짜 영화광들이 있습니다. 그들은 각자의 취향이 달라서 한 가지 종류의 영화만 보러 다니고, 각자가 정한 일정한 요일에만 극장에 갑니다. 그 요일 또한 다섯 사람이 다 다릅니다. 이들이 극장에 가는 요일은 일요일, 화요일, 수요일, 금요일, 토요일 가운데 하루입니다.

다음 설명을 읽고 누가 어느 요일에 무슨 영화를 보러 어느 극장에 가는지 맞춰 보세요. 두 번 이상 읽어야 답이 나온답니다.

① 태성이는 코미디 영화만 좋아합니다. 그러나 토요일이나 일요일에는 극장에 가지 않습니다.

② 종선은 서부 영화를 상영하는 극장에만 가는데, 이 극장은 미림극장도 인형극장도 아닙니다.

③ 화요일에만 문을 여는 애관극장에서는 만화 영화를 상영합니다.

④ 만화 영화를 싫어하는 남규는 일요일마다 영화를 보러 갑니다.

⑤ 문화극장에서는 서부 영화와 코미디 영화는 상영하지 않습니다.

⑥ 준원과 재영은 화요일이나 수요일에만 극장에 갈 시간이 있습니다.

⑦ 인형극장에서는 공포 영화만 상영합니다.

⑧ 재영이가 만화 영화를 보러 간다거나 인형극장에 가는 일은 없습니다.

이름	영화를 보러 가는 극장	보러 가는 영화	극장에 가는 요일

* 정답은 136쪽에 있습니다.

스스로 짝짓기 논리 연습하기

❶ **가족회의**

  컴퓨터 게임을 너무 많이 하는 아이들 때문에 가족회의가 열렸습니다. 이번 경우는 놀이가 아닙니다. 진지한 가족회의입니다. 각 식구들이 앉아 있는 자리와 성명을 맞춰 보세요.

① 수석 씨와 강 씨는 짝꿍이며 부부입니다.
② 남규 군과 이 양은 남매이며 마주보고 있습니다.
③ 재영 양의 왼쪽에는 아빠가, 오른쪽에는 엄마가 있습니다.
④ 엄마의 이름은 미정입니다.
⑤ 강 씨는 여자입니다.

-----------------   -----------------

-----------------   -----------------

----

❷ 좋아하는 TV 프로

신규, 병학, 규숙, 정희, 우규, 윤철 등 여섯 명은 각각 연속극, 만화, 코미디, 프로야구, 뉴스, 퀴즈 게임 중 한 가지 TV 프로그램만을 좋아합니다. 어느 누구도 같은 것을 좋아하지는 않습니다. 그리고 이들 여섯 명 중 규숙이와 정희만이 여자입니다.

이 실마리들을 이용하여 누가 무엇을 좋아하는지 맞춰 보세요. 사람 이름을 아랫칸에, TV 프로 이름은 윗칸에 적으세요.

① 프로야구를 좋아하는 소년은 신규의 오른쪽 바로 옆자리에 앉아 있습니다.
② 병학이는 코미디를 좋아하는 사람과 프로야구를 좋아하는 사람 사이에 있습니다.
③ 규숙이와 정희 사이에는 아무도 없습니다.
④ 정희는 연속극을 좋아하는 남자의 왼쪽 바로 옆자리에 있습니다.
⑤ 퀴즈 게임을 좋아하는 남자의 옆에는 여자가 없습니다.
⑥ 정희는 만화를 좋아하지 않습니다.
⑦ 수줍음을 잘 타는 우규 옆에는 여자가 없습니다.
⑧ 윤철이의 자리는 코미디를 좋아하는 여자의 옆자리가 아닙니다.
⑨ 윤철이의 왼쪽 자리에는 뉴스를 좋아하는 사람이 앉아 있습니다.

* 정답은 135~137쪽에 있습니다.

길잡이

124쪽

① 짝꿍 / 마주보고

② 진희 / 동희 / 짝꿍 / 마주보고 / 동희

③ 마주보고

④ 동희 / 박 / 최

⑤ 최

	이	
	동희	
박		최
진희		천수
	최	
	종원	

❶

	특 기	사는 곳
피카츄	전기 공격	태초마을
칠색조	불꽃 화염 공격	방울탑
이상해꽃	넝쿨채찍 공격	풀밭
라플라스	얼음 공격	호수
루기아	초능력 공격	은빛 산

❷

이름	별명	자동차 색깔	순위
용한	번개	빨간색	1등
남규	바람돌이	파란색	2등
해창	늑대	초록색	3등
종연	다람쥐	노란색	4등

❸

이름	영화를 보러 가는 극장	보러 가는 영화	극장에 가는 요일
준원	애관극장	만화 영화	화요일
재영	문화극장	무협 영화	수요일
태성	미림극장	코미디 영화	금요일
종선	중앙극장	서부 영화	토요일
남규	인형극장	공포 영화	일요일

132쪽 문제 풀기

❶

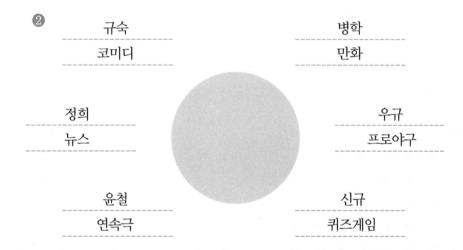

```
                        이
                        재영

        강                                        이
        미정                                        수석

                        이
                        남규
```

❷

```
        규숙                                병학
        코미디                              만화


        정희                                우규
        뉴스                                프로야구


        윤철                                신규
        연속극                              퀴즈게임
```

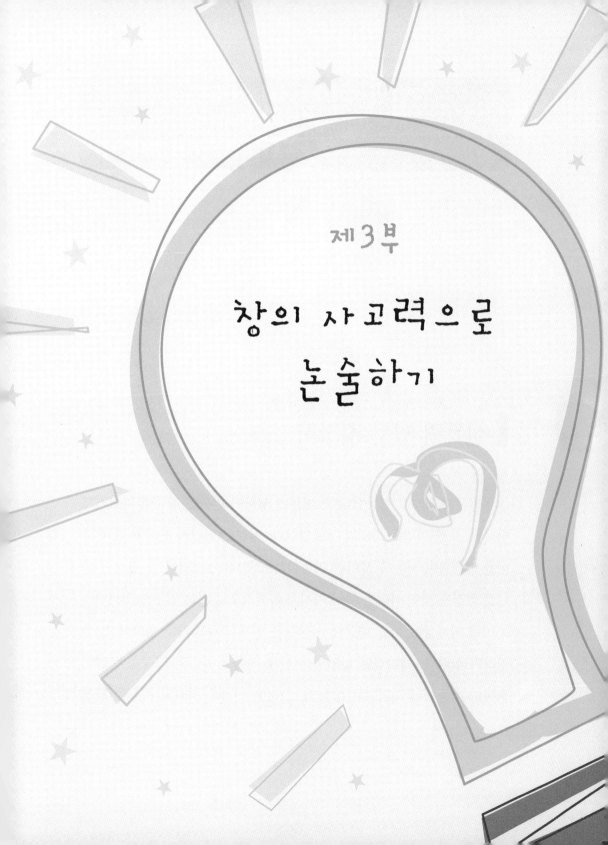

제3부

창의 사고력으로
논술하기

1 설득력 있는 주장하기

인간은 생각하고 행동합니다. 때문에 생각이 바뀌면 행동이 바뀌기도 합니다. 또한 인간은 사회적 동물입니다. 이것은 인간이 관계와 관계 사이를 규정하며 사는 동물이란 의미이기도 합니다. 그런데 이 관계는 하나로 규정된 것이 아니라 여러 가지가 복합적으로 얽혀 있는 것입니다.

이런 관계상의 이유 때문에 사람들은 언제나 무언가를 생각하고, 주장하며 삽니다. 왜냐하면 타인과의 관계 속에서 자신의 입장을 분명히 밝히고 행동해야 하기 때문입니다. 그리고 인간은 자신의 주장을 관철하기 위해서 보다 설득력 있고 타당한 이유를 제시합니다. 이런 이유 때문에 인간의 모든 활동은 '주장하기와 이유 달기'라고 할 수 있습니다. 그 주장하는 방법이 글쓰기라면 '논술'이 될 것이고, 말하기라면 '구술'이 될 것입니다.

지금까지 여러분과 저는 생각하는 훈련과 더불어 글쓰기 훈련을 해 왔습니다. 이제 '주장하기와 이유 달기'의 훈련을 통해서 논술과 구술, 나아가 일상생활에서의 삶의 지혜인 '설득력 있는 자기 주장하기' 훈련을 할 차례입니다.

우리는 항상 무언가를 추구하며 삽니다. 논술은 그 추구하는 것을 다른 사람에게 글로 요청하는 것이고, 구술은 그것을 말로 하는 것이라고 할 수 있습니다. 타인을 설득하여 자신이 추구하는 것을 얻기 위해서는 설득력이 있어야 합니다. 설득력의 기본은 자기의 주장에 대한 합리적이고도 타당한 이유를 다는 것입니다.

지금까지 여러분은 저와 함께 논술을 위한 사전 훈련으로 언어의 특징과 개념, 그리고 유비추리를 통한 어휘와 개념의 확장을 공부했습니다. 이제는 '주장하기와 이유 달기'의 훈련을 통해서 설득적 말하기와 글쓰기인 구술과 논술을 압축적으로 공부하고 연습해 보도록 하겠습니다.

'주장하기와 이유 달기'로 전개되는 논술은 '4단계 논술'로서, 진행 단계는 다음과 같습니다.

1단계 : 자기 주장의 이유 달기

왜냐하면 _____ 때문이다.

2단계 : 반론 소개

그러나 _____

3단계 : 반론에 대한 재반론

그럼에도 불구하고 _____

4단계 : 주장에 대한 재확인

따라서 _____

2 '핵심'을 말하는 능력에서 창의력이 나온다

논술 문제에 자주 등장하는 '요약하기' 문제를 잘 풀기 위해서는 글의 주장을 파악하고 그 주장의 근거를 제시해야 합니다. '요약하기'가 '주장하기'와 밀접한 관계가 있는 것은 이 때문입니다.

'요약하기'의 방법은 다음의 세 가지로 압축되는데, 이것은 '주장하기'에서도 사용하는 방법입니다. 일반적으로 간단명료하고 확실한 '주장하기'와 '요약하기'를 위해서는 두괄식을 많이 사용합니다.

가_ 두괄식

주장을 먼저 쓴 다음 주장의 이유를 나중에 쓰는 방법입니다. 이야기를 강하고 단순하게 할 수 있다는 장점이 있습니다.

나_ 미괄식

주장의 이유를 먼저 설명하고 주장을 펼치는 방법입니다. 조금은 지루할 수도 있지만 긴 설명이나 설득이 필요할 때 사용합니다.

다_ 양괄식

두괄식과 미괄식을 합친 것으로, 두괄식을 통해 독자의 호기심을 유발하고 미괄식을 통해 두괄식에서 주장한 이유를 다시 한 번 확인시키는 방법입니다.

'요약하기'는 글의 줄거리를 적는 게 아니라 그 글이 주장하는 바와 이유를 밝히는 것입니다. 아무리 긴 글이라 할지라도 결국 주장은 간단 명확하고, 그 글의 나머지는 그 주장의 근거가 됩니다. 따라서 200~600자 정도로 제시문을 요약하라는 문제는 곧 제시문의 각 단락의 주장을 파악하고 그 주장의 근거를 밝혀 써 줌으로써 풀어 갈 수 있습니다. 이때 각 단락을 유기적으로 연결하여 글을 쓰면 좋은 '요약하기'가 될 것입니다.

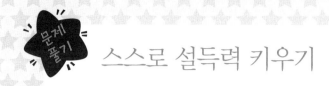
❶ 다음 글을 읽고 문제에 답하세요.

　내가 자네와 더불어 논쟁을 했다고 치세. 자네가 나를 이기고 내가 자네에게 졌다 하면 자네는 과연 옳고 나는 과연 그른가? 또 내가 자네를 이기고 자네가 나에게 졌다면 내가 과연 옳고 자네는 과연 그른가? 부분적으로 옳거나 부분적으로 그른가? 또는 그것이 완전히 옳거나 완전히 그른가? 나나 자네가 서로 이것을 모른다면 남도 판단을 내리기가 어려울 것이네. 그러면 우리는 누구를 시켜 그것을 바로잡을 것인가? 자네에게 동조하는 이를 시켜 바로잡으려면 그는 이미 자네와 같은 의견이니 어떻게 바로잡을 수가 있겠는가? 나에게 동조하는 자로 하여금 바로잡게 한다면 그는 나와 같은 의견이니 어떻게 바로잡을 수가 있겠는가? 나나 자네와 다른 사람더러 바로잡으라면 그는 이미 나나 자네와 의견이 다르니 그도 어떻게 바로잡을 수가 있겠는가? 또 나나 자네와 똑같은 자를 시켜 바로잡으려면 그는 이미 나나 자네와 의견이 똑같으니 어떻게 바로잡을 수가 있겠는가? 그러니 나나 자네나 또 제삼자가 모두 알 수가 없네. 그러니 또 누구를 기다릴 것인가?

— 장자(莊子), 『제물론(齊物論)』 중에서

① 이 글의 주장과 그것의 이유는 무엇인지 써 보세요.

② 이 글을 주장과 근거를 중심으로 고쳐 써 보세요.

* 정답은 149쪽에 있습니다.

❷ 다음 글을 읽고 문제에 답하세요.

　　지난 2004년 대법원은 '사회 통념상 용인할 수 있는 선에서 제한된 체벌을 허용한다' 라는 판례를 내렸다. 허용할 수 없는 경우로는 ① 체벌의 교육적 의미를 알리지 않거나 교사의 감정이나 성격에서 비롯된 체벌을 하거나 개별적으로 학생을 불러 지도할 수 있는데도 공개적으로 체벌하는 경우, ② 신체나 정신건강을 위협하는 물건이나 교사의 신체를 이용해 때리는 행위, ③ 성별·연령·개인사정에 따라 견디기 어려운 모욕감을 주는 경우 등을 제시하였다.

　　'사랑의 매' 는 그것을 받아들이는 학생의 주관적 판단에 의해서 결정된다. 물론 교육적 효과를 고려한 교사의 매도 있지만, 교사도 사람이기에 감정을 배제한 사랑의 매는 있을 수 없다. 과거 우리 선인들은 학동에게 사랑의 매를 때릴 때 맞을 학동에게 회초리를 구해 오라고 하였다. 그 시간 동안 훈장과 학동은 서로의 입장과 자신의 모습을 돌아보게 된다. 그리고 대부분의 매는 상징적 의미로 때리고 야단치는 것으로 끝이 났다. 이것이 사랑의 매다. 그러나 교사와 학생 모두는 감정과 자기 의식이 있는 인간이기 때문에 물리성이 개입된 곳에 사랑의 매는 없다. 그러나 학교 현장에서는 늘 사랑의 매라는 미명 아래 체벌이 이루어지고 있다.

　　그렇다면 체벌을 막기 위해서는 어떻게 해야 할 것인가? 이에 대해서는 체벌을 아예 할 수 없도록 체벌 금지를 법제화하자는 의견이 있다. 또한 학생의 잘못에 대해 벌점을 부과하는 상벌점제를 시행하자는 의견과 학생 대표와 교사가 토론해 규정을 정하자는 자율규제안도 있다. 마지막으로 학생부 기록 → 학부모 소환 → 징계 등의 절차에 따라 해당 학생을 처벌하자는 '합리적 시스템화'의 안도 있다.

　서양 철학 전통에서는 주체와 객체의 이분법적 구분이 강하다. 체벌에 있어서 때리는 주체는 교사이고 맞는 학생은 객체이다. 교사는 학생을 사랑하기에 때리기도 하지만 받아들이는 학생의 반응은 다르다. 체벌하는 교사가 뺨을 때리고 야구 방망이, 아이스하키 스틱, 당구대, 마대 자루로 엉덩이를 때린다 해도 학생이 달게 받아들이면 그것은 사랑의 매다. 하지만 언어적 폭력이나 작은 회초리로 종아리를 때린다 할지라도 학생이 그것을 과잉체벌과 폭력으로 받아들이면 그것은 곧 과잉체벌이자 폭력이 된다.

　문제는 가해자가 아닌 피해자의 느낌에 따라서 교사의 매는 사랑의 매가 될 수도 있고, 폭력이 될 수도 있다는 것이다. 즉, 주체와 객체, 교사와 학생이 받아들이는 느낌의 차이로 사랑의 매인의 여부가 결정된다. 그러므로 사랑의 매를 판단하는 기준은 전적으로 주관적일 수밖에 없다.

　초등학교에 들어간 학생들은 의사소통을 통해서 공동체 생활을 할 수 있는 능력이 있다. 그들은 이미 가정교육과 훈련을 통해 이기적 본성을 억누를 줄 아는 지혜를 배웠다. 이런 의미에서 학생들은 '맞으면서 클' 나이는 이미 지났다고 할 수 있다. 그들은 언어의 상호교류로 시시비비를 가리는 법을 배우는 생명체다.

　문제의 해결점은 나와 너, 교사와 학생이라는 이분법적 구분을 연결할 수 있는 소통에 있다. 학생과 교사, 교사와 학생 간에 사랑을 매개로 한 소통이 이루어진다면 학교 현장에서의 체벌 문제는 더 이상 거론되지 않을 것이다. 그 소통이 이루어질 때, '사랑의 매'는 가상의 상태로라도 존재하지 않을 것이다.

① 이 글의 핵심적인 주장이 무엇인지를 한 문장으로 표현해 보십시오.

② 그 주장의 근거를 밝히십시오.

③ 사랑의 매는 존재한다는 주장의 근거를 한 문장으로 제시하십시오.

④ 윗글을 200자 내외로 요약하시오.

* 정답은 149쪽에 있습니다.

144쪽 문제 풀기

❶ ① 주장 : 옳고 그름을 가를 수 있는 객관적 판단의 기준은 없다.

　　근거 : 사람들마다 각자의 주장과 그 이유가 있기 때문이다.

② 이 세상에 옳고 그름을 가릴 수 있는 객관적 진리는 있을 수 없다. 왜냐하면 사람들 모두는 저마다의 주장과 그 이유를 갖고 있기 때문이다. 그러나 제삼자를 통한 객관적 판단이 있을 수 있다고 주장하는 사람도 있다. 그럼에도 불구하고(하지만) 제삼자의 판단은 그 사람의 의견이기 때문에 객관적 판단이라고 할 수 없다. 사람들 모두는 각자의 자라 온 환경과 지식의 정도에 따라 자신의 판단 기준을 갖고 있기 때문이다. 따라서 이 세상에 옳고 그름을 분명히 구별할 객관적 기준은 있을 수 없다.

❷ ① 사랑의 매는 존재하지 않는다.

② 정신적·육체적 폭력이 들어간 체벌은 사랑이 아닌 감정의 표현이다. 또한 그 어떤 체벌이라도 받아들이는 학생의 주관적 판단에 느낌에

따른 것이기에 사랑의 매는 존재하지 않는다. ˙

③ 교사의 사랑의 매로 개과천선한 학생들이 많다.

④ 사랑의 매는 존재하지 않는다. 왜냐하면 사랑의 매란 것은 매를 맞
는 학생이 그 상황을 어떻게 이해하고 받아들이냐에 따라 결정되는
주관적인 행위이기 때문이다. 하지만 많은 사람들은 교사의 사랑의
매, 체벌을 통해서 자신의 나쁜 점이 고쳐졌다고도 이야기한다. 그
럼에도 불구하고 가해자인 교사의 매를 사랑의 매냐 아니냐를 결정
하는 것은 피해자인 학생이 그것을 사랑의 매로 받아들이냐의 여부
이다. 따라서 감정이 섞일 수밖에 없는 체벌에서 사랑의 매는 존재
하지 않는다.

제8장 창의력을 돋보이게 하려면 주제에 대해 공부하라!

1 창의력을 높여라!

급격한 다변화로 대변되는 현대 사회에서는 다양한 분야에서 많은 문제들이 발생하고 있습니다. 우리 주변의 이러한 문제들을 어떻게 바라보고 해석하느냐도 논술 문제에서 채점자가 중요하게 생각하는 점입니다. 신문을 자주 보라는 것도 바로 이런 이유 때문입니다.

이번에는 다양한 주제에 대해 여러 가지로 해석될 수 있는 문제를 다루게 될 것입니다. 신문 등에서 자주 본 주제일 수도 있습니다. 문제만 보면 약간 어렵다고 생각할지도 모르지만 제가 제시하는 단계에 따라

차근차근 자신의 생각들을 정리해 가다 보면 자신만의 주장을 논리적으로 전개할 수 있을 것입니다. 이 책에 나온 문제들뿐만 아니라 신문을 보고 다양한 주제에 관해 자신만의 논리를 전개하는 연습을 해 나가다 보면 어떤 논제가 나와도 당황하지 않고 논리적이고 창의적으로 자신만의 주장을 전개해 나갈 수 있을 것입니다.

2 주제별 논제 살피기

주제01_ 객관적인 역사적 사실은 존재하는가?

역사(歷史)에서 역(歷)은 시간의 흐름을 말하고, 사(史)는 시간의 흐름 속에서 발생한 일들에 대한 관점을 말합니다. 이 역사의 객관성을 생각해 보는 문제입니다. 각 문제를 읽고 '그렇다, 그렇지 않다, 모르겠다' 중 자신의 견해와 일치하는 것을 골라 표시하고, 그 이유를 써 보세요.

① 역사적 사실은 믿을 수 있는가? (그렇다, 그렇지 않다, 모르겠다).

왜냐하면 _____ 때문이다.

② 역사라는 것은 일어난 사건에 대한 사람들의 기억이고 기록이다.

(그렇다, 그렇지 않다, 모르겠다).

왜냐하면 _____ 때문이다.

③ 고구려는 한민족이고 고구려 광개토대왕이 차지했던 만주 땅은 우리나

라 땅이다. (그렇다, 그렇지 않다, 모르겠다).

왜냐하면 _____ 때문이다.

④ 멸망한 고구려 유민들과 말갈족, 여진족들이 세운 발해 땅도 한국 영토이다. (그렇다, 그렇지 않다, 모르겠다).

왜냐하면 _____ 때문이다.

⑤ 일본인들에게 침략당한 조선 땅은 일본인들의 땅이다.

(그렇다, 그렇지 않다, 모르겠다).

왜냐하면 _____ 때문이다.

⑥ 역사란 현재의 국력에 따라서 다르게 해석하고 강요할 수도 있는 것이다. (그렇다, 그렇지 않다, 모르겠다).

제1단계 : 왜냐하면 _____

제2단계 : 그러나 _____

제3단계 : 그럼에도 불구하고 _____

제4단계 : 따라서 _____

주제02_ 식당의 반찬 가짓수를 제한해야 하는가?

유통과 소비의 불균형으로 비만과 기아의 현상이 지구 곳곳에서 동시에 발생하고 있습니다. 식생활 문화에 대해서 생각해 보는 문제입니다. 각 문제를 읽고 '그렇다, 그렇지 않다, 모르겠다' 중 자신의 견해와 일치하는 것을 골라 표시하고, 그 이유를 써 보세요.

① 식당에서 손님이 다 먹지 못할 만큼 반찬이 많이 나오는 것은 바람직하지 못하다. (그렇다, 아니다, 모르겠다)

왜냐하면 _____ 때문이다.

② 음식물을 많이 남겨 결국 버리는 것은 그것을 만든 농민에 대한 죄악이다. (그렇다, 아니다, 모르겠다)

왜냐하면 _____ 때문이다.

③ 음식물을 먹든 버리든 무조건 소비를 많이 하면 결국 농민들에게는 경제적으로 도움이 된다. (그렇다, 아니다, 모르겠다)

왜냐하면 _____ 때문이다.

④ 식당에서 반찬 가짓수를 몇 가지로 제한하여 남는 음식이 없도록 제도화해야 한다. (그렇다, 아니다, 모르겠다)

제1단계 : 왜냐하면 _____

제2단계 : 그러나 _____

제3단계 : 그럼에도 불구하고 _____

제4단계 : 따라서 _____

주제03_ 언론을 신뢰할 수 있는가?

각종 언론매체에 대해서 일반인들은 '권위에 호소하는 오류'를 범하거나 '극장의 우상'에 사로잡혀 잘못된 결론을 내리곤 합니다. 우리의 의식에 대해서 반성해 보는 문제입니다. 각 문제를 읽고 '그렇다, 그렇지 않다, 모르겠다' 중 자신의 견해와 일치하는 것을 골라 표시하고, 그 이유를 써 보세요.

① 언론은 공익을 추구하는 신뢰할 만한 집단이다.

　　(그렇다, 아니다, 모르겠다)

　　왜냐하면 ＿＿＿＿＿＿＿＿＿＿＿＿＿＿＿＿＿＿＿＿＿ 때문이다.

② 언론은 오로지 국익을 추구해야 한다. (그렇다, 아니다, 모르겠다)

　　왜냐하면 ＿＿＿＿＿＿＿＿＿＿＿＿＿＿＿＿＿＿＿＿＿ 때문이다.

③ 언론은 사주의 이익으로부터 자유로워야 한다.

　　(그렇다, 아니다, 모르겠다)

　　왜냐하면 ＿＿＿＿＿＿＿＿＿＿＿＿＿＿＿＿＿＿＿＿＿ 때문이다.

④ 언론에서 보도하는 내용은 모두 사실에 바탕을 두고 있다.

　　(그렇다, 아니다, 모르겠다)

　　왜냐하면 ＿＿＿＿＿＿＿＿＿＿＿＿＿＿＿＿＿＿＿＿＿ 때문이다.

⑤ 언론은 사적인 이익을 추구하고 정치적 편향성을 가질 수 있다.

　　(그렇다, 아니다, 모르겠다)

　　왜냐하면 ＿＿＿＿＿＿＿＿＿＿＿＿＿＿＿＿＿＿＿＿＿ 때문이다.

⑥ 언론은 신뢰할 수 없다. (그렇다, 아니다, 모르겠다)

　　제1단계 : 왜냐하면 ＿＿＿＿＿＿＿＿＿＿＿＿＿＿＿＿＿＿＿

　　제2단계 : 그러나 ＿＿＿＿＿＿＿＿＿＿＿＿＿＿＿＿＿＿＿＿＿

　　제3단계 : 그럼에도 불구하고 ＿＿＿＿＿＿＿＿＿＿＿＿＿＿＿

　　제4단계 : 따라서 ＿＿＿＿＿＿＿＿＿＿＿＿＿＿＿＿＿＿＿＿＿

주제04_ 세계화 시대에 발맞추어 시장을 더 개방해야 하는가?

    교통과 통신 수단의 발달로 세계는 지구촌화가 되었습니다. 지구촌화 시대에 살고 있는 현대인의 삶과 역할에 대해 생각해 보는 문제입니다. 각 문제를 읽고 '그렇다, 그렇지 않다, 모르겠다' 중 자신의 견해와 일치하는 것을 골라 표시하고, 그 이유를 써 보세요.

① 교통의 발달로 세계는 점차 가까워지고 있다.

    (그렇다, 아니다, 모르겠다)

    왜냐하면 _____ 때문이다.

② 서로의 장점을 통한 서비스를 교환하는 것은 상호간에 이익이다.

    (그렇다, 아니다, 모르겠다)

    왜냐하면 _____ 때문이다.

③ 세계화로 인해 기술력이 떨어지는 후진국, 개발도상국은 선진국에 종속될 수 있다. (그렇다, 아니다, 모르겠다)

    왜냐하면 _____ 때문이다.

④ 시장을 확대하다 보면 손해 보는 집단이 생겨나게 된다.

    (그렇다, 아니다, 모르겠다)

    왜냐하면 _____ 때문이다.

⑤ 시장 개방을 확대하면 자국의 전통문화를 지키기가 어렵다.

    (그렇다, 아니다, 모르겠다)

    제1단계 : 왜냐하면 _____

    제2단계 : 그러나 _____

제3단계 : 그럼에도 불구하고 _____

제4단계 : 따라서 _____

주제05_ 간척사업은 계속해야 하는가?

환경 보호와 개발에 대해서 생각해 보는 문제입니다. 각 문제를 읽고 '그렇다, 그렇지 않다, 모르겠다' 중 자신의 견해와 일치하는 것을 골라 표시하고, 그 이유를 써 보세요.

① 갯벌은 인간에게 유용하다. (그렇다, 아니다, 모르겠다)

왜냐하면 _____ 때문이다.

② 갯벌을 메우면 경제적인 가치가 발생한다. (그렇다, 아니다, 모르겠다)

왜냐하면 _____ 때문이다.

③ 갯벌을 메우면 그 지역의 생태계가 파괴된다.

(그렇다, 아니다, 모르겠다)

왜냐하면 _____ 때문이다.

④ 갯벌을 메우면 지역 발전에 기여할 수 있다. (그렇다, 아니다, 모르겠다)

왜냐하면 _____ 때문이다.

⑤ 인간의 편리와 이익을 위한 갯벌의 간척사업은 필요하다.

(그렇다, 아니다, 모르겠다)

제1단계 : 왜냐하면 _____

제2단계 : 그러나 _____

제3단계 : 그럼에도 불구하고 _____

제4단계 : 따라서 _____

주제06_ 환경 재난은 인재인가, 천재인가?

바람직한 개발과 환경 보호에 대해서 생각해 보는 문제입니다. 각 문제를 읽고 '그렇다, 그렇지 않다, 모르겠다' 중 자신의 견해와 일치하는 것을 골라 표시하고, 그 이유를 써 보세요.

① 최근의 황사, 해일, 태풍, 장마 등은 과연 자연재해일까?

(그렇다, 아니다, 모르겠다)

왜냐하면 _____ 때문이다.

② 과학 기술은 환경을 보존할 수 있을까? (그렇다, 아니다, 모르겠다)

왜냐하면 _____ 때문이다.

③ 산업개발보다 환경협약이 더 중요하다. (그렇다, 아니다, 모르겠다)

왜냐하면 _____ 때문이다.

④ 환경 파괴에 대한 책임 문제와 관련하여 선진국과 개발도상국, 후진국이 책임지는 몫이 같아야 한다. (그렇다, 아니다, 모르겠다)

제1단계 : 왜냐하면 _____

제2단계 : 그러나 _____

제3단계 : 그럼에도 불구하고 _____

제4단계 : 따라서 _____

주제07_ 혼전 동거는 바람직한가?

　행복한 결혼이란 무엇이며 어떻게 이루어질 수 있는가에 대해 생각해 보는 문제입니다. 각 문제를 읽고 '그렇다, 그렇지 않다, 모르겠다' 중 자신의 견해와 일치하는 것을 골라 표시하고, 그 이유를 써 보세요.

① 결혼 초기 이혼율이 높은 것은 당사자들의 성급한 결혼 탓이다.

　(그렇다, 아니다, 모르겠다)

　왜냐하면 _____ 때문이다.

② 혼전 동거는 결혼 생활의 리허설 역할을 할 수 있다.

　(그렇다, 아니다, 모르겠다)

　왜냐하면 _____ 때문이다.

③ 결혼에서 가장 중요한 것은 자신에게 맞는 배우자를 찾는 것이다.

　(그렇다, 아니다, 모르겠다)

　왜냐하면 _____ 때문이다.

④ '나에게 맞는' 배우자를 구체적으로 제시할 수 있다.

　(그렇다, 아니다, 모르겠다)

　왜냐하면 _____ 때문이다.

⑤ '나에게 맞는' 배우자를 찾기 위한 혼전 동거는 무제한 가능하다.

　(그렇다, 아니다, 모르겠다)

　왜냐하면 _____ 때문이다.

⑥ 혼전 동거를 사회적으로 인정해야 한다. (그렇다, 아니다, 모르겠다)

　제1단계 : 왜냐하면 _____

제2단계 : 그러나 _____

제3단계 : 그럼에도 불구하고 _____

제4단계 : 따라서 _____

주제08_ 차량 5부제를 시행해야 하는가?

　일상생활에서 더불어 사는 삶의 의미를 묻는 질문입니다. 각 문제를 읽고 '그렇다, 그렇지 않다, 모르겠다' 중 자신의 견해와 일치하는 것을 골라 표시하고, 그 이유를 써 보세요.

① 현재 우리나라 자동차 대수는 지나치게 많다.

　(그렇다, 아니다, 모르겠다)

　왜냐하면 _____ 때문이다.

② 자동차가 많으면 여러 가지 부작용이 발생한다.

　(그렇다, 아니다, 모르겠다)

　왜냐하면 _____ 때문이다.

③ 자동차가 너무 많다면, 그것은 자동차 소유주의 무분별한 소유욕 때문이다. (그렇다, 아니다, 모르겠다)

　왜냐하면 _____ 때문이다.

④ 자동차 운행의 권리는 소유주에게 있다. (그렇다, 아니다, 모르겠다)

　왜냐하면 _____ 때문이다.

⑤ 공익을 위해 자동차 운행을 제한할 수 있다. (그렇다, 아니다, 모르겠다)

왜냐하면 _____ 때문이다.

⑥ 자동차 5부제는 자동차 소유주가 자율적으로 판단할 일이다.

（그렇다, 아니다, 모르겠다）

제1단계 : 왜냐하면 _____

제2단계 : 그러나 _____

제3단계 : 그럼에도 불구하고 _____

제4단계 : 따라서 _____

주제09_ FTA는 우리의 경제 발전에 도움이 되는가?

현대 사회에서 피할 수 없는 사안인 자유무역협정에 어떻게 대처해야 좋은 것인가를 묻는 문제입니다. 각 문제를 읽고 '그렇다, 그렇지 않다, 모르겠다' 중 자신의 견해와 일치하는 것을 골라 표시하고, 그 이유를 써 보세요.

① 칠레와의 FTA는 우리의 생활에 도움이 되었다.

（그렇다, 그렇지 않다, 모르겠다）

왜냐하면 _____ 때문이다.

② 우리 농촌은 미국과의 FTA를 반대한다.

（그렇다, 그렇지 않다, 모르겠다）

왜냐하면 _____ 때문이다.

③ 우리 정부는 미국과의 FTA에 적극적이다.

（그렇다, 그렇지 않다, 모르겠다）

왜냐하면 _____ 때문이다.

④ 미국과의 FTA는 우리의 산업과 사회에 많은 변화를 줄 것이다.

(그렇다, 그렇지 않다, 모르겠다)

왜냐하면 _____ 때문이다.

⑤ FTA에 대해 이견이 생기는 이유는 자신의 이익 때문이다.

(그렇다, 그렇지 않다, 모르겠다)

왜냐하면 _____ 때문이다.

⑥ 한미 FTA는 체결되어야 한다. (그렇다, 아니다, 모르겠다)

제1단계 : 왜냐하면 _____

제2단계 : 그러나 _____

제3단계 : 그럼에도 불구하고 _____

제4단계 : 따라서 _____

주제10_ 빈부격차는 해소될 수 있는가?

잘사는 사람과 못사는 사람의 차이를 빈부격차라고 합니다. 그리고 이 빈부격차는 다양한 사회 문제의 원인이 되기도 합니다. 각 문제를 읽고 '그렇다, 그렇지 않다, 모르겠다' 중 자신의 견해와 일치하는 것을 골라 표시하고, 그 이유를 써 보세요.

① 빈부격차란 주로 소득수준과 관련되어 나타나는 격차를 말한다.

(그렇다, 그렇지 않다, 모르겠다)

왜냐하면 _____ 때문이다.

② 빈부격차는 개인의 노력 여하에 따라 뒤집힐 가능성이 높다.

(그렇다, 그렇지 않다, 모르겠다)

왜냐하면 _____ 때문이다.

③ 빈부격차가 문제가 되는 이유는 '빈부격차의 대물림' 현상 때문이다.

(그렇다, 그렇지 않다, 모르겠다)

왜냐하면 _____ 때문이다.

④ 자유민주주의에서 말하는 평등이란 '기회의 평등'이지 '결과의 평등'이
아니다. (그렇다, 그렇지 않다, 모르겠다)

왜냐하면 _____ 때문이다.

⑤ 중산층의 확대는 빈부격차로 발생하는 사회 불안정을 막는 방법이다.

(그렇다, 그렇지 않다, 모르겠다)

제1단계 : 왜냐하면 _____

제2단계 : 그러나 _____

제3단계 : 그럼에도 불구하고 _____

제4단계 : 따라서 _____

주제11_ 우리나라에서 장기 기증 문화가 자리 잡지 못하는 이유는 무엇인가?

건강한 장기를 이식함으로써 죽어 가는 생명을 살릴 수 있다는 것이 장기
기증 문화의 원리입니다. 그러나 전통적인 유교 문화 때문에 우리나라에서는
별로 활성화되어 있지 않은 것도 사실입니다. 이 문제는 장기 기증 문화에 대

해 생각해 보는 문제입니다. 각 문제를 읽고 '그렇다, 그렇지 않다, 모르겠다' 중 자신의 견해와 일치하는 것을 골라 표시하고, 그 이유를 써 보세요.

① 장기 기증자가 다른 나라에 비해 적은 이유는 '신체발부는 수지부모'라는 유교적 전통 때문이다. (그렇다, 그렇지 않다, 모르겠다)

왜냐하면 _____ 때문이다.

② 장기 수요자와 기증자의 공급이 불일치하는 것은 과학 기술의 발달에 따른 의료기술의 발달로 인간의 평균수명이 늘었기 때문이다.

(그렇다, 그렇지 않다, 모르겠다)

왜냐하면 _____ 때문이다.

③ 과학 기술의 발달은 인간의 인공 장기를 개발할 수 있게 할 것이다.

(그렇다, 그렇지 않다, 모르겠다)

왜냐하면 _____ 때문이다.

④ 질병이 발생한 다음 치료하는 결과 중심의 의료 서비스에서 질병이 발생하지 않도록 하는 예방 의료 서비스로의 전환이 필요하다.

(그렇다, 그렇지 않다, 모르겠다)

제1단계 : 왜냐하면 _____

제2단계 : 그러나 _____

제3단계 : 그럼에도 불구하고 _____

제4단계 : 따라서 _____

* 정답은 170쪽에 있습니다.

다음은 '2006 고려대 수시 논술'에 출제된 문제입니다.

■ 유의 사항

1. 답안에는 자신을 드러내는 표현을 쓰지 말 것.

2. 논술문의 제목은 쓰지 말 것.

3. 제시문의 문장을 그대로 옮겨 쓰지 말 것.

4. 분량은 띄어쓰기를 포함하여, Ⅰ은 각각 110~140자, Ⅱ는 총 130~160자가 되게 할 것.

■ 논제

Ⅰ. 제시문 [1], [2]의 내용을 각각 요약하시오.

Ⅱ. 제시문 [1], [2], [3]을 연관시킬 수 있는 하나의 주제를 찾아내어, 그 주제에 관한 자신의 의견을 쓰시오.

[1] 한국 전쟁 기간 중에 나는 종군하여 철원에 간 적이 있었다. 격전이 막 끝난 철원 시가는 완전 폐허였다. 길만 훤히 트인 시가지 도처에서 연기가 무럭무럭 피어오르고 있었다. 길을 따라 걷던 나는 문득 타 죽은 닭을 보

았다. 그런데 웬일인지 그 닭은 선 자세로 타 죽어 있었다. 이상하게 여긴 나는 무심코 발로 닭을 건드려 보았다. 그랬더니 그 닭의 날개 밑에서 병아리 몇 마리가 삐악거리며 나왔다. 죽은 어미 닭을 버려둔 채 종종거리는 병아리를 보며 나는 코가 시큰해지고 눈물이 핑 돌았다.

이 세상의 모든 생명은 유한하다. 억만 겁의 흐름 속에서 어렵고 어려운 인연을 얻어 태어난 생명은 그 태어남의 영겁과는 너무나 대조적으로 무상(無常)하다. 그러나 알고 보면 이 세상 영겁의 흐름도 결국은 무상의 연결을 통하는 것이다. 말하자면 영원과 무상은 서로 별개인 채 대립해서 존재하지 않는다. 실재는 무상하고 영원이란 그 많은 무상들이 통섭(統攝)되어 이루어진다.

무상들이 이어져서 영원을 기약한다고 할 때, 각각의 무상이 시공간상에서 차지하는 기능은 바로 영원과 맞먹는 절대적인 것으로 보아야 한다. 영원이란 무상과 무상이 앞뒤로 빈틈없이 연결되어 이루어지기 때문이다. 우리는 무상과 무상의 전후 연결을 과거와 현재와 미래라는 시간의 지속적 구분에다 결부시킬 수 있을 것이다. 그리고 생식과 생존이라는 실재에서 무상과 무상의 연결은 앞서 태어난 생명으로부터 새로운 생명이 태어나는 생의 연속이므로 생명은 어디까지나 고립된 존재일 수 없다. 따라서 공간적으로 나와 남이 만나는 교섭 관계를 고려하지 않을 수 없다.

인간 세상에서 유한한 생명이 무한으로 연결되는 길은 우선 남녀가 결합해서 자녀를 생산함으로 열리게 된다. 무상과 무상은 시간적 전후 계승에 앞서 공간적인 자타(自他)의 결합을 필요로 하는 것이다. 남녀의 결합으로 이룬 부부 관계에서 자녀가 태어난다. 자녀는 현재를 미래로 연장하는 역할을 한다. 자녀가 성장하여 저마다 짝을 찾아 부부를 이루고 자녀를 낳으면서 현재는 과거가 되고 미래가 현재로 다가와 끊임없이 생을 이어간다. 따라서 생식이란 어떤 의미로 보아서는 자기의 희생이다. 그러나 모든 생명은 그러한 자기희생을 겪지 않고서는 못 견디는 미래생(未來生)에 대한 동경을 가지고 있다. 그것은 유한한 자기는 자녀를 통해서 무한하게 존속된다고 여기기 때문이다.

그런데 부모의 현재생(現在生)에서 자녀의 미래생(未來生)으로 연결되는 과정과 절차는 결코 간단하지만은 않다. 왜냐하면 생명은 그리 강인견실(强靭堅實)한 것도 아니요, 더욱이 어린 생명은 그 스스로 생을 영위할 능력을 갖추고 있지 못해 부모한테 보호와 양육을 받아야 하기 때문이다. 따라서 부모의 희생이란 생식에서 그치지 않고 보육(保育)까지 연장된다. 자녀는 그러한 부모의 희생을 발판으로 현재성을 굳건히 점유하고 과거와 미래를 연결시킬 수 있는 존재로 성장한다. 자녀가 현재의 점유자가 되었을 때 부모는 과거로 밀려가고 그들의 무상은 끝을 맺는다.

[2] 개체가 희생을 감수하면서 자신이 속한 집단의 다른 개체들에게 이익을 가져오는 현상을 일컬어 이타적이라고 한다. 생물학에서는 집단의 이익을 위한 개체의 희생을 자연선택의 결과로 본다. 자연선택에 의한 어느 개체의 자손 감소는 같은 집단 내의 다른 개체들의 자손 증가를 촉진한다. 따라서 어느 개체의 자손 감소가 결과적으로는 집단에게 이익을 가져오므로 이타적인 현상으로 이해될 수 있다.

개체의 희생으로부터 수혜를 입는 범위는 가깝게는 친족으로부터 멀게는 그 친족을 포함하는 종족까지 확산된다. 친족의 입장에서 보자면 혈연관계에 있는 어느 개체의 희생은 친족의 내적 결속을 강화하는 이타적인 행동이다. 반면에 그 희생은 혈연이 아닌, 다른 집단들에 대해서는 친족의 이기주의에 기여하는 행동처럼 보일 수 있다. 그러나 유전자적 관점을 취하는 근래의 유력한 생물학 이론에 따르면 한 개체의 희생이 미치는 수혜의 범위가 혈연관계에서 그치는 것이 아니라 종족이라는 포괄적인 수준까지 확대된다고 한다. 다만 희생하는 개체가 수혜자와 얼마나 가까운가에 비례하여 이타적 행동의 정도가 상대적으로 가감된다는 것이다. 따라서 개체의 희생은 그것을 바라보는 시각의 차이에 의해 이기적으로도 이타적으로도 보일 수 있다. 혈연적으로 다른 집단들에 대해 이기적으로 보이는 개체의 희생이 유전자라는 포괄적인 시각을 취하면 이타적이 되는 것이다. 유전자는 개체의 이타주의를 통해 존속하며 그로써 같은 유전자를 보유한 종족의 번식이 가능해진다.

[3] 포식자를 발견한 땅다람쥐는 예외 없이 뒷다리로 서서 소란스러운 경고음을 낸다. 침입자의 주의를 끌어 주변의 다른 땅다람쥐들이 도피할 수 있도록 하기 위한 것이다. 경고음을 낸 땅다람쥐가 침입자에게 잡아먹히는 대가로 다수의 다른 땅다람쥐들은 생명을 보존하게 된다. 심지어 새끼를 낳아 본 적이 없는 어린 땅다람쥐조차 동일한 행동을 취한다. 죽음을 자초하는 땅다람쥐의 행동은 개체 선택의 관점에 비추어 쉽사리 납득이 가지 않는다. 그러나 집단의 차원에서 이해할 때 땅다람쥐가 경고음을 내어 스스로를 위험에 노출하는 것은 결코 무모한 선택이라고 할 수만은 없다. 개체

의 희생을 통해 같은 유전자를 지닌 종족의 보존과 번식에 이바지하는 성과를 거두기 때문이다.

　당까마귀의 서식지는 유라시아 대륙에 두루 분포한다. 당까마귀는 군거성이 강해 무리를 지어 살면서 목초지에서 유충을 잡아먹는다. 해마다 봄이 되면 당까마귀 떼는 산란과 부화를 위해 높은 나무 위에 집단적으로 둥지를 튼다. 다수가 군락을 이루어 살면서도 당까마귀들은 별다른 충돌 없이 서로서로 잘 지낸다. 당까마귀 떼가 둥지를 튼 숲에서는 새벽부터 저녁까지 소란스런 지저귐이 쉼 없이 들린다. 당까마귀들이 장난치고 짝을 짓기 위해 깍깍대며 서로를 불러대기 때문이다. 끝도 없이 들려오는 시끄러운 소리에 신경이 거슬린 사람들은 당까마귀 떼를 '까마귀 의회'라고 부르기도 한다. 정말 의회라는 이름에 합당할 만큼 당까마귀 떼는 집단의 이익을 우선시하는 것 같다. 당까마귀들은 최적의 개체 수를 유지하기 위해 산란의 양을 조절하기까지 한다. 같은 무리 속의 모든 당까마귀들은 마치 의논이라도 한 듯 그들의 산란능력보다 적은 수의 알을 낳는 것이다. 그런 방식으로 최적의 개체 수가 유지됨에 따라 당까마귀가 굶주림으로 떼죽음을 당하는 일은 벌어지지 않는다.

* 정답은 174쪽에 있습니다.

152쪽

다음의 답안은 각 주제에 관한 예시 답안입니다.

주제01

객관적인 역사적 사실이란 없다. 왜냐하면 역사에서 역(歷)은 시간의 흐름에 따라 발생한 사건을 말하고, 사(史)는 그 사건을 해석하는 사람의 관점을 말하기 때문이다. 그러나 현존하는 역사적 사료를 통해 객관적 역사의 기술이 가능하다고 주장하는 이들이 있다. 하지만 어떤 사관을 갖느냐에 따라 역사적 사실은 다양한 의미로 해석할 수 있다. 따라서 역사(歷史)라는 글자가 말해주듯이 사실로서의 객관적인 역사는 존재하지 않는다고 할 수 있다.

주제02

식당에서 반찬 가짓수를 몇 가지로 제한하여 남는 음식이 없도록 제도화해야 한다. 왜냐하면 우리나라의 음식 문화는 너무나 많은 낭비적 요소가 있기 때문이다. 그러나 식도락의 자유를 침해한다면서 법제화를 반대하는 사람들이 있다. 그럼에도 불구하고 우리나라의 음식 문화는 고쳐져야 한다. 왜냐하면 지금도 지구 곳곳에선 굶주림에 허덕이는 사람들과 죽어 가는 사람들이 많이 있기 때문이다.

주제03

　언론은 전적으로 신뢰할 수 없다. 왜냐하면 자본주의 사회에서 언론 역시 자본의 영향을 받기 때문이다. 그러나 언론의 본래 기능이 공정성과 신속성에 있다고 주장하며, 언론의 신뢰성을 강조하는 이들이 있다. 그럼에도 불구하고 언론은 자본과 권력에 예속될 수 밖에 없다. 따라서 언론을 가려듣고 해석하는 지혜가 필요하다.

주제04

　시장을 능동적으로 취사선택해서 개방하면 자국의 전통문화를 빛낼 수 있다. 왜냐하면 타국의 좋은 문화를 우리 문화화할 수 있기 때문이다. 그러나 자본의 힘에 움직이는 현대 사회에서 그것은 환상이고 꿈이라고 주장하는 사람들도 있다. 하지만 전통을 지키면서도 시장 개방은 할 수 있다. 우리의 의식주 문화인 김치, 비빔밥, 장, 한복, 온돌방 등이 세계화된 것을 보면 알 수 있다.

주제05

　더 이상의 갯벌의 개발과 매립은 막아야 한다. 왜냐하면 갯벌은 생명의 발생지이며, 개발가치보다는 보전가치가 훨씬 높기 때문이다. 그러나 국토의 70%가 산악이고, 인구 증가에 따른 토지와 공장 부지의 부족으로 간척 사업이 필요하다고 주장하는 이들이 있다. 하지만 그들의 주장은 자신들의 이익을 국가와 국민을 위한 것이라고 왜곡시키는 이기주의적 발상에서 나온 것이다. 따라서 더 이상의 간척 사업은 막아야 한다.

주제06

환경 파괴에 대한 책임 문제에 있어서는 선진국의 책임이 훨씬 크다. 왜냐하면 그들은 이미 산업혁명을 통해서 화석화 연료를 많이 사용했고, 오늘날의 환경 오염과 파괴를 일으킨 원흉이기 때문이다. 그러나 환경 문제는 더 이상 국지적 문제가 아니기 때문에 모든 국가들이 공동 책임을 져야 한다고 주장하는 국가들이 있다. 그럼에도 불구하고 산업화의 과실을 모두 다 따먹은 선진국들은 환경 보전에 대한 분담금을 후진국보다 훨씬 많이 내야 한다.

주제07

혼전 동거를 사회적으로 인정해서는 안 된다. 왜냐하면 전통적인 일부일처제와 가족 관계를 지켜야 하기 때문이다. 그러나 혼전 동거를 통해서 알맞은 배우자를 찾을 수 있다는 점을 부각시키며 그 필요성을 주장하는 사람들도 있다. 하지만 그들의 주장은 '알맞은 배우자' 라는 추상적이고 애매모호한 대상을 선정해 놓고 혼전 동거를 정당화하는 것일 뿐이다.

주제08

자동차 5부제는 자동차 소유자가 자율적으로 판단하여 실천할 일이지 정부에서 공권력을 동원해서 강제할 사안이 아니다. 왜냐하면 이 사회는 자유민주주의 사회이며 자본주의 사회이기 때문이다. 그러나 교통체증의 감소와 환경 보호 등의 이유를 내세우며 자동차 운행의 제한을 정당화하는 사람들도 있다. 하지만 그것은 도로의 확충과 교통 소통을 원활하게 하기 위한 도로 시스템의 구축으로 극복할 수 있는 문제이다.

주제09

한미 FTA는 체결되어야 한다. 왜냐하면 그것이 시대적 추세이며 우리나라가 살 길이고, 세계인 모두가 보다 더 잘 살 수 있는 방법이기 때문이다. 그러나 거대 자본을 가진 미국과 상대적 약소국인 한국이 어떻게 공정한 거래를 할 수 있느냐며 반대하는 이들이 있다. 하지만 이는 다품종 소량생산의 질적 고양으로 극복할 수 있는 문제이다.

주제10

빈부격차 문제는 사회적 안정을 위해서 반드시 해결해야 한다. 왜냐하면 빈익빈 부익부의 사회에선 각종 범죄가 난무하고 사회적 안녕을 추구하기 어렵기 때문이다. 그러나 자본주의 사회에서 빈부격차는 당연히 일어나는 문제이며 이는 개인의 책임이라고 주장하는 사람들이 있다. 하지만 그 경제적 빈부격차가 대물림되어 빈익빈 부익부의 상태로 고착화되어서는 안 된다. 따라서 개인의 노력과 함께 사회적 보장제도의 마련으로 빈부격차 문제가 해소되어야 한다.

주제11

장기 기증은 우리나라에서도 당연한 문화로 안착해야 한다. 왜냐하면 장기 수요가 장기 공급을 못 따라잡기 때문이다. 그러나 부모에 대한 불효이며 또 다른 죽음이라고 생각하기 때문에 장기 기증을 꺼리고 두려워하는 이들이 많다. 그럼에도 불구하고 장기 기증에 대한 인식의 전환과 예방의학으로의 의료체계의 전환으로 장기 기증 문화가 자리 잡아야 한다.

165쪽 문제 풀기

[논제 I 해설 및 예시 답안]

내용의 요약은 글의 '주장'을 파악하고 그 주장의 '근거·이유'를 찾아서 제시하면 됩니다. 그 방법은 두괄식으로 진행하는 것이 효과적입니다.

제시문 1과 2를 요약하라는 것은 그 둘의 논제(토론이나 논술 논문의 주제) 파악하여 정리하라는 이야깁니다.

제시문 1은 희생과 이타성을 강조하고 있고, 제시문 2는 그것이 종족 번식을 위한 자연선택의 결과이며, 이타성은 이기성으로 보일 수 있다고 지적했습니다. 따라서 주어진 문제를 풀어 보면 다음과 같습니다.

[1] 이 세상 모든 생명체들은 유한하다. 하지만 그 생명체들은 개체의 자기희생을 통해서 무한한 생명의 연속성을 갖게 된다. 부모는 자녀 양육을 통해서 자기 생명의 유한성을 뛰어넘는다. 이런 희생을 통해서 유한한 생명체는 영원한 생명의 연속성을 얻게 된다.

[2] 자신의 희생을 통하여 자신이 속한 집단의 다른 개체들의 이익을 도모하는 것을 이타적 행동이라 한다. 그러나 엄밀한 의미에서 그와 같은 행동은 종족의 번식과 보존을 위한 자연선택의 결과이기 때문에 이타성은 이기성으로 보일 수 있다.

[논제Ⅱ 해설 및 예시 답안]

요약을 하였다면 제시된 글들의 주제를 파악할 수 있습니다. 그러면 그 주제에 대한 자신의 의견을 정리할 수 있습니다. 자신의 의견을 정리하기 위한 기초 지식은 폭넓은 독서와 깊은 생각을 통해서 얻을 수 있습니다. 너무 어렵다고요? 시간이 없다고요? 발상의 전환을 하십시오. 그것을 위해 따로 시간을 내려 하지 말고, 있는 그 자리에서 하면 됩니다.

앞에서 살펴본 바와 같이 제시문은 생명체가 이기적 존재인지 아니면 이타적 존재인지에 대한 논의입니다. 따라서 응답자는 두 관점 중 하나를 선택하여 제시문 3의 두 사례를 설명해 보여야 합니다.

➡ 세상 곳곳에는 이타적인 행동을 하는 사람들이 많이 있다. 가까이는 김밥 장사로 평생 모은 돈 수억 원을 불우 학생들 장학금에 써 달라고 기증한 할머니가 있고, 멀리에는 거지들의 친구인 인도의 테레사 수녀가 있다. 아니, 더욱 가까이에는 우리의 영원한 지지자인 부모가 있다. 그런데 이들 모두의 행동이 전적으로 자기희생적이고 이타적이라고 할 수 있을까?

이타적 행동이란 자신의 희생을 통하여 자신이 속한 집단의 다른 개체들의 이익을 도모하는 것을 말한다. 이 세상 모든 부모들은 자녀의 양육을 위해서 자신의 몸과 마음을 희생한다. 왜냐하면 자신의 영양과 생명을 나누어 주는 것 자체가 몸을 희생하는 것이며, 태어나 자라서 자기 보존을 위한 경제활동을 하기까지 부모는 마음을 쓰며 양육하기 때문이다.

그러나 현대의 심리학은 이들 부모의 희생이 자신의 못 다한 꿈을 자식을 통해 이루기 위한 대리만족이라며 이타적 행동을 부정하고 있다. 또한 적의 공격으로부터 개체인 자신을 희생하는 땅다람쥐의 행동이 종족의 보존과 번식을 위한 것이고, '까마귀 의회'라고도 부르는 번잡스런 번식기를 통해서도 언제나 최적의 개체 수를 유지하는 당까마귀의 번식도 종족의 보존과 번식을 위한 이기적 유전자의 역할 때문이라며 이타적 행위가 없음을 밝히고 있다.

그럼에도 불구하고 인간은 이타적 행동을 한다. 특히 부모의 자식에 대한 희생은 더욱 그러하다. 영화 『공공의 적』에서는 돈을 돌려달라는 아버지를 죽인 아들이 나온다. 아버지를 죽인 아들은 자신을 알아본 어머니마저도 죽인다. 이때 죽어가는 어머니는 아들이 잡혀갈 것을 염려해 증거물인 아들의 손톱을 삼키고 죽는데, 이러한 어머니의 모습에서 우리는 이타적 자기희생이 있다는 것을 볼 수 있다.

따라서 땅다람쥐의 행동과 당까마귀의 행동이 비록 이기적 유전자를 통해서 나타났다고는 하지만 그것은 개체의 종족 전체를 위한 이타적인 행동이라 할 수 있다. 마찬가지로 가장 고등한 생명체인 인간의 행위에도 이타적인 행동이 있을 수 있는 것이다. 특히 부모의 자식에 대한 사랑은 더욱 그러하다.

이 세상 모든 생명체들은 유한하다. 하지만 그 생명체들은 개체의 자기희생을 통해서 무한한 생명의 연속성을 갖게 된다. 부모는 자녀 양육을 통해서 자기 생명의 유한성을 뛰어넘을 수 있고, 땅다람쥐와 당까마귀는 개체의 희생을 통해서 종족의 연속성과 무한한 생명을 얻게 된다. 따라서 생명체 모두는 자기희생을 통해서 전체 종족과 영원성을 얻을 수 있는 이타적 존재이다.

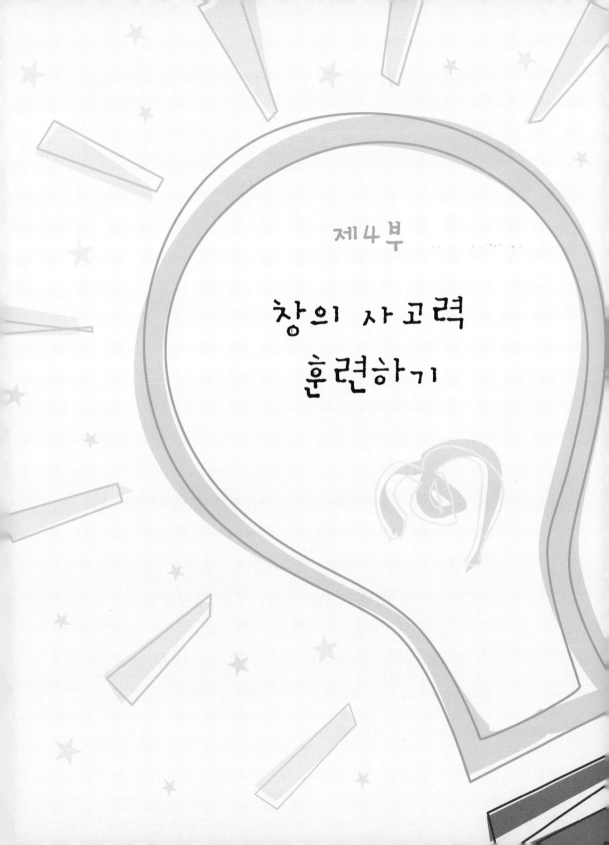

제4부

창의 사고력
훈련하기

제9장

잠자는
창의력을 깨워라!

1 마인드 맵

　사람은 때로는 감정에 의해 때로는 이성에 의해 판단을 내리고, 그 판단에 따라서 행동을 합니다. 물론 그 판단들이 무엇에 의한 것인지가 언제나 명확히 구분되는 건 아닙니다. 주변 환경과 분위기 그리고 상황에 따라서 복합적으로 생각하고 판단하는 것이 인간이기 때문입니다.

　여기에서는 먼저 무언가를 정리하고 계획을 짜는 도구인 마인드 맵(Mind Map)에 대해서 알아보고 연습해 보려 합니다. 영국의 전직 언론인 토니 부잔(Tony Buzan)이 주장하여 유럽에서 선풍을 일으킨 마인드 맵 이론은 읽고 분석하고 기억하는 모든 것을 마음속에 지도를 그리듯이 사고하는 훈련법을 말합니다.

가_ 마인드 맵을 위한 준비물과 방법

❶ 준비물

하얀 종이, 연필, 형광펜

❷ 방법

★ 마인드 맵은 중심 주제로부터 떠오르는 생각을 방사형으로 그리고 펼치면서 정리하고 메모하는 훈련법입니다. 즉, 나무의 큰 줄기로부터 가지를 그려 나가듯이 주제가 되는 핵심어에서 출발해 생각의 꼬리에 꼬리를 물며 사고를 확장하여 뻗어 나가는 것입니다.

★ 가지를 뻗어 나감과 동시에 주제어와 관련된 그림을 한눈에 띄도록 그림으로써 시각적으로도 이해할 수 있도록 합니다.

★ 중요하다고 생각되는 곳에는 형광펜으로 표시합니다.

★ 종이 한 장에 일목요연하게 모든 것을 정리하도록 합니다.

★ 종이의 옆에는 여백을 남겨 두어, 이후 새로운 아이디어를 메모하는 등의 경우에 활용하도록 합니다.

주제 : 사랑의 매는 존재하는가?

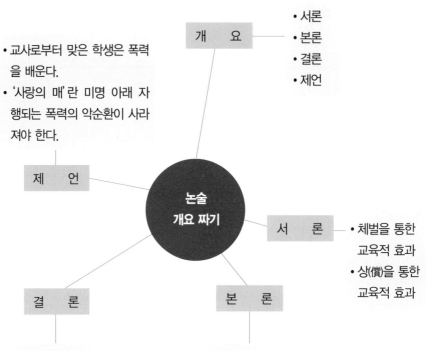

• 교사로부터 맞은 학생은 폭력을 배운다.
• '사랑의 매'란 미명 아래 자행되는 폭력의 악순환이 사라져야 한다.

제 언

개 요 ──── • 서론
              • 본론
              • 결론
              • 제언

논술 개요 짜기

서 론 ── • 체벌을 통한 교육적 효과
           • 상(償)을 통한 교육적 효과

결 론

본 론

• 다양한 학생들을 지도할 수밖에 없는 우리 현실에서 적절한 체벌은 최후의 수단이다.
• 체벌보다는 피교육자들의 내면 의식에 새로운 가치를 심어 줄 수 있는 프로그램이 필요하다.

• 체벌은 순종적인 인간 양상
• 체벌은 사회 규범의 유지
• 선악과 시비의 구별 기능
• 상벌의 결과는 연령, 성별, 지능에 따라 다르게 나타남

다_ 레인 메이커와 노블레스 오블리주의 개념 이해를 위한 마인드 맵

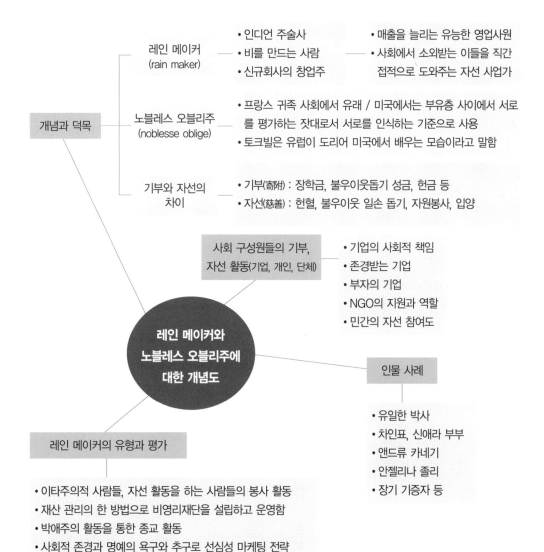

레인 메이커
(rain maker)
- 인디언 주술사
- 비를 만드는 사람
- 신규회사의 창업주
- 매출을 늘리는 유능한 영업사원
- 사회에서 소외받는 이들을 직간접적으로 도와주는 자선 사업가

노블레스 오블리주
(noblesse oblige)
- 프랑스 귀족 사회에서 유래 / 미국에서는 부유층 사이에서 서로를 평가하는 잣대로서 서로를 인식하는 기준으로 사용
- 토크빌은 유럽이 도리어 미국에서 배우는 모습이라고 말함

기부와 자선의 차이
- 기부(寄附) : 장학금, 불우이웃돕기 성금, 헌금 등
- 자선(慈善) : 헌혈, 불우이웃 일손 돕기, 자원봉사, 입양

개념과 덕목

사회 구성원들의 기부, 자선 활동(기업, 개인, 단체)
- 기업의 사회적 책임
- 존경받는 기업
- 부자의 기업
- NGO의 지원과 역할
- 민간의 자선 참여도

레인 메이커와 노블레스 오블리주에 대한 개념도

인물 사례
- 유일한 박사
- 차인표, 신애라 부부
- 앤드류 카네기
- 안젤리나 졸리
- 장기 기증자 등

레인 메이커의 유형과 평가
- 이타주의적 사람들, 자선 활동을 하는 사람들의 봉사 활동
- 재산 관리의 한 방법으로 비영리재단을 설립하고 운영함
- 박애주의 활동을 통한 종교 활동
- 사회적 존경과 명예의 욕구와 추구로 선심성 마케팅 전략
- 자아 실현을 위한 사회 분위기 조성으로 문화 시설을 제공함
- 부모 또는 자녀를 기념하기 위해 상속자, 배우자가 자선에 참여
- 가족 간의 연대를 보존하는 매개로 삼기 위한 입양

2 야구 게임

우리는 주어진 조건들을 활용함으로써 이전까지는 알려지지 않은 새로운 사실을 알아낼 수 있습니다. 이런 과정을 '추리'라 합니다. 추리는 사람이 살아 있는 한 매 순간 계속하는 작업입니다. 어머니의 목소리와 표정을 보고 어머니의 기분을 파악하기도 하고, 선생님이나 사랑하는 사람의 태도를 보고 그 사람의 기분을 알아채기도 합니다. 우리는 살아가면서 끊임없이 추리를 합니다.

추리 시의 관건은 '어떻게 하면 보다 확실하고 빠르게 추리할 수 있는가' 하는 것입니다. '야구 게임'이라는 추리 게임을 통해 사고력 확장을 위한 훈련을 해 봅시다.

❶ 0부터 9까지 열 개의 숫자 중 아무것이나 골라서 세 자리의 숫자를 만들고 숨깁니다. 게임을 하는 상대방도 마찬가지로 숫자를 만들고 숨깁니다.

❷ '스트라이크(Strike)'는 숫자와 자리가 일치할 때, '볼(Ball)'은 숫자는 맞지만 자리가 틀린 경우에 하는 대답입니다. 숫자와 자리가 하나도 안 맞는 경우에는 '노 스트라이크(No strike) 노 볼(No ball)' 또는 '나씽(Nothing)' 이라고 말합니다.

A와 B가 야구 게임을 할 경우를 생각해 봅시다. A는 ②, ⑥, ⑧ 세 개의 숫자를 골라서 ⑧②⑥이라는 세 자리의 수를 만들었습니다. B는 A가 가졌을 것이라고 추측하는 세 개의 숫자 및 세 자리의 수를 각각 '⑦⓪③', '④②⑧', '⑧②⑨', '⑧②⑥' 이라고 차례로 말했고, B는 A의 말을 듣고 각각 다음과 같이 대답했습니다.

회차	B가 추측하는 A의 숫자			B의 추측을 듣고 A가 B에게 알려주는 정보	비　　고
1	7	0	3	노 스트라이크 노 볼	A가 가진 숫자와 같은 숫자가 하나도 없음
2	4	2	8	1스트라이크, 1볼	A가 가진 8을 B가 추측했지만 자리가 틀리므로 1볼, 또한 2는 숫자와 자리까지 일치하므로 1스트라이크
3	8	2	9	2스트라이크	A가 가진 8, 2를 숫자, 자릿수까지 B가 맞추었으므로 2스트라이크
4	8	2	6	3스트라이크, 아웃	A가 가지고 있는 마지막 숫자인 6을 자릿수까지 맞추었으므로 3스트라이크! 아웃!

❸ 이제 여러분이 이 게임을 한다고 생각해 봅시다. 여러분은 ④⑧⑨의 세 자리를 숨기고 있고, 상대방이 ⑨②⑤를 숨겼다고 합시다. 여러분은 상대방의 숫자가 ①②③일 것이라고 추측하여 말했습니다. 그랬더니 상대방은 ②가 자리와 숫자가 같았기에 '1스트라이크'라고 대답했습니다. 이어 상대방은 여러분 숫자가 ⑨⑧④일 것이라고 말했는데, 이때 여러분은 어떻게 대답해야 할까요? 맞습니다. ⑧이 숫자와 자리가 같으니 '1스트라이크', 그리고 ⑨④는 숫자는 같지만 자리가 틀렸으므로 '2볼'이라고 대답해야 합니다. 이와 같은 과정을 반복해 나가면서 게임 참여자들은 각각 상대방이 어떤 숫자를 골라서 어떤 수를 만들었는지를 추리해 나가게 됩니다.

● 친구나 부모님과 함께 생각해 봅시다.

① 이 게임은 쉬운가요, 어려운가요?

_____

② 이 게임은 운이 좋아야 이기는 게임인가요, 실력이 좋아야 이기는 게임인가요?

_____

③ 기회를 충분히 준다면 어떤 수라도 알아맞힐 수 있을까요?

_____

❷ 이렇게 놀 수도 있어요.

    ① 이 게임을 네 자리 숫자, 다섯 자리 숫자로 확대할 수 있습니다.

    ② 이 게임을 편을 나누어서 단체전으로 진행할 수도 있습니다.

3❋ 나도 발명가

    지금부터는 '나도 발명가' 게임을 통해서 다르게 생각하는 훈련을 해 보겠습니다. 물론 '나도 발명가'는 게임이 아닙니다. 하지만 일상에서 새롭게 생각하는 훈련을 통해서 사고의 창의성과 유연성을 기를 수 있습니다.

    발명(發明)은 '이제까지 없던 기술이나 물건 따위를 새로 생각하거나 만들어 내서 세상을 이롭게 하는 것'을 말합니다. 발명을 뜻하는 영어 단어 'invention'의 어원은 라틴어의 'inventio'인데, 이는 '생각이 떠오르다'를 뜻합니다. 따라서 발명이란 없던 물건을 새롭게 만들어 낸다는 뜻입니다. 이것은 이전부터 있던 사물이나 사실을 찾아내는 발견(發見)과는 다릅니다.

    그렇다면 일상생활에서 발명을 하며 살려면 어떻게 해야 할까요? 항상 '왜'라는 의문을 가지고 질문을 하고 그 답을 구하면서 생활하면 길이 보일 것입니다.

가_ 발명하기 훈련

❶ **대치하기 : 이 물건을 다른 것으로 바꿔 보면 어떨까?**

① 이 제품을 어린이(혹은 남자, 여자, 노인, 젊은이, 노동자 등)가 사용하려면 어떻게 해야 할까?

② 성분과 재료, 생산 과정과 에너지 등을 다른 것으로 바꾸어 보면 어떨까?

③ 만약 이 물건의 사용 장소(가정, 회사, 방, 화장실 등)를 바꾸면 어떻게 될까?

❷ **결합하기 : 이 물건과 어떤 물건을 합치면 어떨까?**

① A의 기능과 B의 기능을 결합하면 어떻게 될까?

② A 단원과 B 단원을 재구성한다면 어떻게 해야 할까?

③ A의 기능과 조화를 이루는 것으로는 어떤 것들이 있을까?

❸ **응용하기 : 이 물건을 다른 곳에 사용하면 어떨까?**

① 이 제품의 기능과 비슷한 것으로는 어떤 것들이 있을까?

② 이 제품에서 활용할 수 있는 새로운 아이디어는 무엇일까?

③ 이 아이디어를 ○○에 활용하려면 어떻게 고쳐야 할까?

❹ **수정, 확대, 축소하기 : 이 물건을 고치거나, 확대하거나, 축소시키면 어떨까?**

① 이 제품의 색깔(소리, 향기, 형태 등)을 바꾸면 어떻게 될까?

② 이야기의 구성을 어떻게 수정하면 재미있는 이야기가 될까?

③ 이것을 움직이기(이동하기, 들어올리기, 고정시키기 등) 쉽게 하려면 어떻게 변형시켜야 할까?

❺ 새로운 용도 모색하기 : 저 물건을 다른 곳에 사용하면 어떨까?

① 이 제품의 다른 용도로는 어떤 것들이 있을까?

② 기존의 제품의 기능 중 일부를 ○○하게 수정하면 어떤 용도로 그 제품을 달리 사용할 수 있을까?

③ 모양, 무게 또는 형태로 보아 이 제품을 어떻게 달리 활용할 수 있을까?

❻ 제거하기 : 저 물건의 일부를 제거하면 어떨까?

① 이 제품에서 ○○을 없애 버리면 어떻게 될까?

② 이 제품에서 부품 수를 줄이면 어떤 모양의 제품이 될까?

③ 이 제품에서 없어도 되는 기능들은 어떤 것들일까?

❼ 재배열하기 : 저 물건을 새롭게 다시 정리정돈하면 어떨까?

① ○○와 ○○의 인물 역할을 바꾸면 어떤 현상이 일어날까?

② 이 조명 기구의 배치를 (위에서 아래로 혹은 아래에서 위로) 바꿀 수 있을까?

③ 이 제품을 좀 더 편리하게 사용하려면 ○○와 ○○의 위치를 어떻게 바꾸어야 할까?

스스로 창의력 키우기

아래 보기에서 관계 있는 것을 (   )안에 써 넣으세요.

㉠ 자연을 보고 배워! – 자연의 원리를 활용하는 발명

㉡ 왜 꼭 그렇게만 사용해야 해? – 고정관념을 탈피하기

㉢ 꼭 그렇게만 생각해야 해? – 거꾸로 생각하기

㉣ 자장면은 까만색이어야만 하는 거야? – 다르게 생각하기

㉤ 내가 저 사람이거나 내가 저 물건이라면? – 입장과 역할 전환법

---

① 고양이나 호랑이가 에너지의 낭비 없이 달리면서도 급히 정지할 수 있는 모습을 관찰, 그들의 발 모양에서 힌트를 얻어서 '스파이크화' 라는 신발을 만들었다. (   )

② 거미가 나무 사이에 줄을 쳐서 건너는 것에서 힌트를 얻어서 좁고 깊은 계곡에 와이어 로프 다리를 건설하였다. (   )

③ 인간의 심장과 동맥, 정맥의 혈관계를 응용하여 열효율이 좋은 보일러를 개발하였다. (   )

④ 오징어의 발판을 보고 목욕탕에서 미끄러지는 것을 방지하기 위해서 발판 접착판을 발명하였다. (   )

⑤ 분명하고 확실하게 보이는 것만이 좋은 것인가? 희미한 조명 밑에서 보면 예쁘지 않은 여자도 아름답게 보이고, 면사포를 쓴 신부가 유난히 아름답게 보이는 것은 베일에 가려 있기 때문이다. 이 원리를 이용해서 뒤퐁 사는 '나일론'을 발명했다. (   )

⑥ 셀로판지는 발명되어 특허를 받은 후에도 사람들에게 인기가 없었다. 이 셀로판지를 팔던 세일즈맨은 결국 빚만 지고, 채권자(돈을 빌려 준 사람)인 빵집 주인에게 셀로판지를 몰수당했다. 빵집 주인은 몰수한 셀로판 종이로 빵을 포장해서 진열했는데, 사람들은 비닐에 싸인 빵이 위생적이라고 생각하게 되었고, 그 이후 빵은 더욱 잘 팔리게 되었다. (   )

⑦ 불로 무엇을 구울 때 불은 그 물건의 아래에 있다. 그러나 강가에서 고기를 구울 때 불은 옆에 있으며, 돋보기를 이용하여 종이를 태울 때의 불은 위에 있다. (   )

⑧ 컴퓨터의 먼지를 청소할 때에는 바람을 보내어 먼지를 끄집어낸다. 그리고 바닥을 청소할 때는 진공청소기를 사용한다. (   )

⑨ 젓가락을 자주 잃어버리는 아이를 위해 도시락통에 젓가락 넣는 공간을

마련하였다. (   )

⑩ 일본의 한 아이 엄마가 납작한 베개 때문에 자신의 아기의 머리가 납작
해지는 것을 보고 도너츠형 베개를 발명하였다. (   )

⑪ 노인은 시력, 청력, 근력이 떨어진다는 신체적 특징이 있다. 그래서 숫자
버튼이 큰 전화기, 숫자 버튼의 숫자 색이 자판과 확실하게 대비되는 전
화기, 가벼운 재질의 전화기, 음성 버튼 전화기, 야광 전화기, 보청 기능
헤드폰 전화기, 음성 인식 전화기 등을 노인들을 위해 발명하였다.
(   )

⑫ 빨간 자장, 색이 변하는 면도날, 카멜레온 페인트, 온도 변화 우유병, 혈
압이 올라가면 색깔이 변하는 모자, 부패 정도를 알려주는 팩, 김치가 익
어 가는 것을 알려주는 장치 등을 발명하였다. (   )

✱ 정답은 191쪽에 있습니다.

길잡이

188쪽 문제 풀기

① ㄱ　　② ㄱ　　③ ㄱ　　④ ㄱ　　⑤ ㄷ　　⑥ ㄴ

⑦ ㄴ, ㄷ　　⑧ ㄷ　　⑨ ㅁ　　⑩ ㅁ　　⑪ ㅁ　　⑫ ㄹ

제10장

효율적인 공부방법을 찾아보자!

1 생활은 단순하게 생각은 높게

'잘 짜여진 계획은 반을 성취한 것이다' 는 말이 있습니다. 계획을 세워 차분히 진행한다면 목표한 바를 이루기는 쉽다는 뜻입니다. 예를 들어 선생님이 대학에 갈 수 있었던 것은 잘 짜여진 계획과 그 계획에 따른 실천 덕분이었습니다.

고등학교 2학년 여름 방학 때 저는 흔히 말하는 명문대학교를 친구들과 함께 찾아갔고, 그 학교 학생들의 공부법을 인터뷰했습니다. 그들은 고등학생 때 4시간 이상 잠을 자지는 않았다는 말을 해 주었습니다. 물론 잠깐씩 자는 건 빼고요. 더불어 그 학생들의 공통점은 밤을 새면서 공부하지는 않았다는 것이었습니다. 밤을 새면 효율이 떨어지고, 그로 인해 다음날에도 피해를 보았기 때문이라는 것입니다. 그러면서 그들은 저희에게 충고를 해 주었습니다. 대학 입시는 마라톤이니 한번에 전력 질주하려 하지 말고, 자기 컨디션을 조절하면서 꾸준히, 천천히, 지속적으로 달리라고 말입니다. 이는 곧 잘 짜여진 계획을 세우고 그 계획대로 천천히 지속적으로 끊임없이 실천하라는 뜻이었습니다.

목표를 이루기 위해서는 계획이 필요합니다. 이 점을 잊지 말길 바랍니다.

2 공부는 미쳐(狂)야 미친(及)다

매 학년마다 여름방학과 겨울방학이 있습니다. 방학은 '놓을 방(放)'에 '배울 학(學)'이 합쳐진 말입니다. 방학의 본래 의미는 학교에서 배우는 공부를 놓고 세상을 살아가는 이치와 지혜를 배우고, 자기가 하고 싶은 일을 해 보라는 것입니다.

그리스 아테네의 신탁은 "소크라테스가 아테네에서 제일 지혜롭다."라고 말했습니다. '그는 스스로가 무식하다는 것을 알고 있다'는 단 한 가지 이유 때문이었습니다. 왜냐하면 다른 사람들은 자기가 무식하다는 사실조차도 모르고 있었기 때문입니다.

무식(無識)은 '없을 무(無)'와 '알 식(識)'이 합쳐진 말로 '아는 것이 없다'는 의미입니다. 아는 것이 없다는 것을 알았으니 그 이후에는 알기 위해 공부하고 노력할 것입니다. 그래서 '없을 무(無)'에 '쉴 식(息)'을 합쳐서 무식(無息)하게 공부했다는 말이 있습니다. 소크라테스는 그래서 아테네에서 가장 지혜로운 사람이 되었던 것입니다.

'쉴 식(息)'은 '마음 심(心)'과 '자유로울 자(自)'가 합쳐진 글자입니다. 이것은 마음이 하고 싶은 대로 하는 것을 가리킵니다. 자고 싶은 사람은 자고, 쉬고 싶은 사람은 쉬고, 여행하고 싶은 사람은 여행을 가는 등 자기가 하고 싶은 것을 하는 것이 바로 쉬는 것입니다. 그러므로 '무식(無息)하게 공부하라'는 것은 곧 쉼 없이 공부하라는 말입니다.

성적을 올리고 싶다면 '무식하게 공부하라'라는 말을 기억하십시오. 집중하고, 열중한다면 여러분은 목표를 이룰 수 있습니다.

3 외모 콤플렉스 진단서

스위스의 정신과 의사인 융(Carl Gustav Jung)은 콤플렉스에 대하여 다음과 같이 유명한 말을 했습니다.

"사람들은 자기가 무슨 콤플렉스를 가지고 있는지 안다. 그러나 콤플렉스가 그를 가지고 있다는 것은 모른다."

이번에는 콤플렉스에 대해 알아봅시다. 아래의 진단서를 통해 자신에게 맞는 공부방법과 개인이 가진 성향을 알 수 있을 것입니다.

내 안에 외모 콤플렉스가 있을까? 있다면 그 수준은 어느 정도일까?

다음의 각 문항을 읽고 자신을 잘 나타내면 'O', 그렇지 않으면 'X', 잘 모르겠으면 '△'로 체크하세요.

① 나는 숨기고 싶은 과거를 가지고 있다. (   )

② 나는 부모님이 부자였으면 하고 바란다. (   )

③ 나는 때로 지금의 내가 아닌 다른 사람이길 바란 적이 있다. (   )

④ 나는 다른 사람들보다 잘난 게 별로 없는 것 같다. (   )

⑤ 나는 세상에서 가장 중요한 것은 돈이라고 생각한다. (   )

⑥ 나는 거울을 보면 내 얼굴이 맘에 들지 않아 이 다음에 성형수술을 하려고
   생각한 적이 있다. (   )

⑦ 나는 나에 대한 다른 사람들의 평가를 무척 신경 쓰는 편이다. (   )

⑧ 나는 내가 받는 용돈보다 더 많은 돈을 쓸 때가 많다. (   )

⑨ 나는 나의 가족을 다른 사람에게 소개하길 꺼린다. (   )

⑩ 나는 다른 사람들의 비판에 민감하게 반응하는 편이다. (   )

⑪ 나는 키가 커 보이게 하려고 굽 높은 신발을 신어 본 적이 있다. 또는 키가
   너무 커 작게 보이려고 어깨를 움츠리고 다닌 적이 있다. (   )

⑫ 나는 몇 번씩이나 다이어트를 시도한 적이 있다. (   )

⑬ 나는 어린 시절로 다시 돌아가면 하고 싶은 일이 많다. (   )

⑭ 나는 스스로 자기 자신을 내세우며 자랑하는 편이다. (   )

⑮ 나는 이따금 과거에 내가 한 행동 때문에 부끄러울 때가 있다.(   )

⑯ 나는 평소 다른 사람을 칭찬하기보다는 비판하길 좋아한다. (   )

⑰ 나는 싫어하는 사람과는 절대로 말을 하지 않는 편이다. (   )

⑱ 나는 고쳐야 할 문제점이 너무 많다고 생각한다. (   )

⑲ 나는 다른 사람보다 튀는 옷차림, 머리 모양을 좋아한다. (   )

＊ 해설은 203쪽에 있습니다.

4 오이디푸스 콤플렉스와 엘렉트라 콤플렉스

여러분은 아빠와 엄마 중에 누가 더 좋은가요? 바보 같은 질문이지만 한번 곰곰이 생각해 보십시오. 정말 누굴 더 좋아하는지 말입니다. 아마도 대부분의 경우 여러분이 남자라면 엄마를 더 좋아할 것이고, 여자라면 아빠를 더 좋아할 것입니다. 물론 커 가면서 여자는 엄마를 닮아 가고, 남자는 아빠를 닮아 가면서 아들은 아빠를, 딸은 엄마를 더 좋아하게 됩니다. 하지만 어릴 적에는 그 반대입니다. 우리나라 속담에 '사위 사랑은 장모, 며느리 사랑은 시아버지'란 것이 있습니다. 이것은 장모는 여자이기 때문에 남자인 사위를 더 좋아하고, 남자인 시아버지는 여자인 며느리를 더 좋아하기 때문입니다. 이와 관련된 심리적 콤플렉스가 바로 오이디푸스 콤플렉스와 엘렉트라 콤플렉스입니다.

그리스 신화에는 수많은 신과 영웅이 등장합니다. 그 가운데 오이디푸스라는 영웅은 신의 예언대로 아버지를 죽이고 어머니와 결혼하게 됩니다. 정신분석의 창시자인 프로이드는 아들이 아버지를 미워하고 어머니에 대해서 무의식적으로 품는 성적인 애착이 곧 '오이디푸스 콤플렉스'라고 했습니다.

이와 반대로 딸이 아버지에게 집념을 갖고 어머니를 시기하는 성향을 '엘렉트라 콤플렉스'라고 합니다. 엘렉트라는 그리스 신화에 등장하는 미케네 왕인 아가멤논의 딸인데, 그녀는 아버지를 사랑했습니다. 그러나 아버지는 엄마의 남편이기 때문에 엘렉트라는 고민을 합니다. 그런데 아가멤논은 10년 동안의 트로이전쟁을 마치고 귀국한 날 밤, 그녀의 어머니 클리타임네스트라와 간부(姦夫) 아이기스토스에게 살해당했습니다. 이에 엘렉트라는 동생인 오레스테스와 힘을 합쳐 어머니와 간부를 죽임으로써 복수하였습니다. 엘렉트라 콤플렉스는 여기에서 유래한 것입니다.

다음의 질문에 답해 보세요.

① 나는 아빠와 엄마 중에 (아빠, 엄마)를 더 좋아한다.

　　왜냐하면 ＿＿＿＿＿＿＿＿＿＿＿＿＿＿＿＿＿＿＿＿＿＿ 때문이다.

② 나는 남자와 여자 중에 (남자, 여자)를 더 좋아한다.

　　왜냐하면 _____ 때문이다.

③ 시험에 자주 떨어진 사람은 시험 전에 유난히 불안해한다.

　　(그렇다, 아니다, 모르겠다)

　　왜냐하면 _____ 때문이다.

④ 큰 차와 부딪친 교통사고를 겪은 사람은 큰 차만 보아도 가슴이 두근거리고
　　깜짝 놀라는 버릇이 있다. (그렇다, 아니다, 모르겠다)

　　왜냐하면 _____ 때문이다.

⑤ 누군가를 깊이 사랑하는 사람은 그 사람의 이름만 들어도 가슴이 설렌다.

　　(그렇다, 아니다, 모르겠다)

　　왜냐하면 _____ 때문이다.

⑥ 외국에 사는 한국 사람에게 '코리아(Korea)' 라는 단어는 결코 무관심할 수
　　없는 단어이다. (그렇다, 아니다, 모르겠다)

　　왜냐하면 _____ 때문이다.

스스로 콤플렉스 진단하기

이 세상 사람은 정도의 차이만 있을 뿐 모두가 크고 작은 콤플렉스를 갖고 있습니다. 그런데 그 콤플렉스를 열등감으로 간직하고 있는 사람이 있는가 하면, 그 콤플렉스를 극복하여 위대한 인물이 된 사람도 있습니다.

아래의 내용은 우리가 주변에서 흔히 볼 수 있는 현상과 내용입니다. 여러분의 상상력을 동원해서 그것은 각각 어떤 콤플렉스인지, 혹은 어떤 콤플렉스라고 불릴 수 있을지를 보기에서 골라 보세요.

> ㉠ 나폴레옹 콤플렉스　㉡ 나르시스 콤플렉스　㉢ 이카로스 콤플렉스
> ㉣ 신데렐라 콤플렉스　㉤ 온달 콤플렉스　㉥ 일개미 콤플렉스
> ㉦ 주류 콤플렉스　㉧ 사내대장부 콤플렉스　㉨ 카인 콤플렉스
> ㉩ 레드 콤플렉스　㉪ 피터팬 콤플렉스

① 남자는 강하고 대범해야 하고, 가족을 먹여 살려야 하며, 성공해야 한다는 콤플렉스. "사내대장부가 그래서 쓰나?", "사내자식이 무섭긴 뭐가 무서워.", "남자가 계집애처럼 울긴 왜 울어?", "남자애가 왜 이렇게 까불어?" 등이 이 콤플렉스에 해당하는 말들입니다. (　　　)

② 형제자매 간의 적의를 뜻하며, 구약성서에 있는 동생 아벨을 죽인 아담의 아들 카인의 이야기와 관련시켜 만든 용어입니다. (   )

③ 공산주의에 대한 과민반응을 표현하기 위해 만든 용어입니다. 한국인에게 붉은색은 곧 공산주의, 나아가 북한을 상징하는 색깔로 인식됐고 '빨갱이'로 낙인찍히지 않기 위해 사람들은 붉은색을 멀리하지 않을 수 없었습니다. (   )

④ 키가 작은 사람들이 보상심리로 공격적이고 과장된 행동을 하는 콤플렉스를 말합니다. 마오쩌둥과 나폴레옹은 자신의 학벌 및 작은 신장에서 오는 열등감을 극복하고 세계적인 위인이 되었습니다. (   )

⑤ 호숫가에 비친 자신의 아름다움에 반해 몸을 던졌던 나르시스의 일화에서 보듯, 자기애(自己愛)는 인간의 기본 심성입니다. 이것은 자기 자신만을 사랑한 나머지 다른 사람을 사랑하지 못하는 콤플렉스를 말하는데, 학자들은 노출의 미학을 향유하는 인간의 묘한 심리를 이것에서 찾습니다. (   )

⑥ 자신을 마치 신데렐라 이야기의 주인공처럼 박해 받는 자로 생각하는 것에서 병적인 기쁨과 살아가는 이유를 얻는 것을 말합니다. 많은 사람들이 이런 콤플렉스 때문에 까닭 없이 자신을 괴롭히고 낙심하며 삽니다. (   )

⑦ 누구나 어느 정도는 자신에 대해 과대평가하고 있는 부분이 있습니다. 하지만 이런 경향이 어느 정도는 스스로를 즐겁게 하고 행복하게 하는 것도 사실입니다. (   )

⑧ 이것은 책임을 져야 하는 어른이 되기를 거부하고 아이로 계속 있고 싶어 하는 것을 뜻하는 것으로, 요즘에는 졸업을 하지 않은 채 계속 대학에 남으려고 갖은 애를 쓰는 사람들을 지칭하는 말이기도 합니다. (   )

⑨ 남자로서의 우월감을 내세우고 싶은데 지신의 능력이 따르지 못할 때 발생하는 콤플렉스를 말합니다. 평강공주와 온달장군의 이야기에서 유래하였습니다. (   )

⑩ 수단과 방법을 가리지 않고 주류에 편입되거나 주류처럼 보여야 한다는 강박 관념을 말합니다. "자칭 좌파라면서 극우 신문에 글을 쓰는 것을 보니 그 친구도 'ㅇㅇ 콤플렉스'에 빠진 것 같아." (   )

⑪ 부지런히, 많이 일하지 않으면 뒤처질지도 모른다는 직장인들의 콤플렉스를 일개미에 비유해서 표현한 말입니다. 이 말은 직장 내 치열한 경쟁을 잘 대변해 줍니다. (   )

⑫ 다이달로스와 그의 아들 이카로스는 미궁을 탈출하기 위해 새털을 밀랍으로 연결하여 날개를 만듭니다. 날개를 달고 미궁을 탈출하면서 다이달

로스는 이카로스에게 하늘 높이 날지 말라고 당부했지만 그는 아버지의 말을 듣지 않았습니다. 결국 이카로스는 하늘 높이 올라 태양 가까이까지 날아갔다가 그만 밀랍이 녹아 추락해서 죽고 말았습니다. 이처럼 자만심에 빠져 올바르게 행동하지 못하는 사람을 지칭할 때 이 말이 사용됩니다. (   )

＊ 정답은 211쪽에 있습니다.

길잡이

194쪽 외모 콤플렉스 진단서

외모 콤플렉스 진단서 채점 결과 해설

여기에 나오는 채점 결과는 통계일 뿐입니다. 이 통계 때문에 여러분이 스트레스를 받는다면 여러분은 또 다른 콤플렉스인 통계 콤플렉스에 빠지는 셈이 됩니다.

콤플렉스는 살아가면서 겪은 여러 경험을 통해 합쳐진 감정과 생각의 응어리일 뿐입니다. 세상 사람들은 누구나 시험 콤플렉스나 차 콤플렉스, 돈 콤플렉스, 애정 콤플렉스, 외모 콤플렉스 등을 갖고 있습니다.

그러나 콤플렉스가 반드시 열등감과 같은 것은 아닙니다. 때로는 콤플렉스가 다양한 감정을 유발하여 우월감과 큰 기쁨의 감정도 일으킬 수 있기 때문입니다. 콤플렉스는 자신 안에 있는 또 다른 자신의 모습입니다. 그러므로 그것을 사랑하고 자기 것으로 의식화시키는 것이 중요합니다.

채점 : 위의 질문에서 'O'의 개수를 헤아리면 그것이 곧 자신의 콤플렉스 점수입니다.

① 【16~20점】 - 위험 수준

자기 자신에게 부정적이며, 매사에 자신을 신뢰하지 못하고 있습니다. 게다가 자신이 자라온 환경, 가족까지도 부정하려고 합니다. 따라서 자신의 능력을 키우고, 자신감을 갖도록 노력하는 것이 중요합니다.

② 【8~15점】 - 보통 수준

평소 자신 및 가족이나 자신을 둘러싼 환경에 불만이 있어도 정상적으로 그것을 극복할 가능성이 높습니다. 누구나 한두 가지 숨기고 싶은 비밀이나 과거 때문에 고민에 빠져 있을 가능성이 있습니다. 그럴 경우엔 속 시원하게 털어놓아 의식화시키는 게 좋습니다. 콤플렉스는 그런 과정에서 극복되고, 그럼으로써 자기 발전은 이루어지기 때문입니다.

③ 【7점 이하】 - 안정 수준

7점 이하를 얻은 사람들은 자신에 대해서 긍정적인 이미지를 가지고 있으며, 가족이나 자신을 둘러싼 환경에도 만족하고 있습니다. 다만 자신을 지나치게 유능하고 잘났다고 여김으로써 자칫 남들에게 공주병이나 왕자병 소리를 들을 수도 있으므로 조심해야 합니다.

199쪽 문제 풀기

① ⊙ 사내대장부 콤플렉스   ② ㅈ 카인 콤플렉스

③ ㅊ 레드 콤플렉스   ④ ㄱ 나폴레옹 콤플렉스

⑤ ㄴ 나르시스 콤플렉스   ⑥ ㄹ 신데렐라 콤플렉스

⑦ ㄴ 나르시스 콤플렉스   ⑧ ㅋ 피터팬 콤플렉스

⑨ ㅁ 온달 콤플렉스   ⑩ ㅅ 주류 콤플렉스

⑪ ㅂ 일개미 콤플렉스   ⑫ ㄷ 이카로스 콤플렉스

집에서 쉽게 혼자 공부하는

중학생을 위한 논술의 첫걸음

펴낸날	초 판 1쇄	2007년 12월 20일
	개정판 1쇄	2011년 10월 30일

지은이   **이수석**
펴낸이   **심만수**
펴낸곳   **(주)살림출판사**
출판등록   1989년 11월 1일 제9-210호

경기도 파주시 문발동 522-1
전화 031)955-1350   팩스 031)955-1355
http://www.sallimbooks.com
book@sallimbooks.com

ISBN   978-89-522-1646-5   44100